JOSÉ SARAMAGO: TUDO, PROVA- VELMENTE, SÃO FICÇÕES; MAS A LITERA- TURA É VIDA

UMA ANÁLISE DA FASE ESTÁTUA DA OBRA DE JOSÉ SARAMAGO

JOSÉ SARAMAGO: TUDO, PROVAVELMENTE, SÃO FICÇÕES; MAS A LITERATURA É VIDA

EULA PINHEIRO

VIDA

MUSA
EDITORA

© Eula Carvalho Pinheiro, 2012

Biblioteca aula | Musa cultura, educação, letras e linguística | Volume 11

SANDRA BRAZIL | preparação e revisão
VINÍCIUS DE MELO JUSTO | assistente editorial
RAQUEL MATSUSHITA | capa e projeto gráfico
JULIANA FREITAS (ENTRELINHA DESIGN) | diagramação
JÚLIO CÉSAR | ilustração da capa, tela *O Dia Seguinte*, 2010
JOSÉ SARAMAGO, MANUSCRITO *MEMORIAL DO CONVENTO*, 20 ANOS | verso da capa

Edição comemorativa aos 90 anos de José Saramago, 16 de novembro de 2012.

DADOS INTERNACIONAIS DE CATALOGAÇÃO NA PUBLICAÇÃO (CIP)
(Câmara Brasileira do Livro, SP, Brasil)

Pinheiro, Eula Carvalho
  José Saramago : tudo, provavelmente, são ficções ; mas a literatura é vida / Eula Pinheiro. – São Paulo : Musa Editora, 2012. – (Biblioteca aula. Musa cultura, educação, letras e linguística ; v. 11)

  "Uma análise da fase estátua da obra de José Saramago"
  Edição com caderno de fotos. Bibliografia.

  ISBN 978-85-7871-014-9

  1. Escritores portugueses - Crítica e interpretação 2. Literatura portuguesa - Crítica e interpretação 3. Saramago, José, 1922-2010 – Crítica e interpretação I. Título. II. Série.

12–14320   CDD–869.8

Índices para catálogo sistemático:
1. Escritores portugueses : Apreciação crítica : Literatura portuguesa 869.8

Todos os direitos reservados.
Impresso no Brasil, 1ª edição, 2012.
Edição conforme o Novo Acordo Ortográfico da Língua Portuguesa, exceto citações de época.

Musa Editora Ltda.
Tel./fax (5511) 3862-6435 | 3862-2586
musaeditora@uol.com.br
www.musaambulante.com.br
www.musaeditora.com.br

Agradeço à minha Família:
à minha mãe, Altina de Carvalho Pinheiro; ao meu pai, Mário Braga Pinheiro; à minha irmã, Elen Pinheiro Affonso (Márcio Antônio Affonso); aos meus irmãos, David de Carvalho Pinheiro, Evandro de Carvalho Pinheiro (Andréa Lopes Pinheiro), Mário Braga Pinheiro Júnior.

Ao meu querido Pedro Pinheiro Affonso, à minha querida Ana Luísa Pinheiro Affonso, à minha querida Elisa Lopes Pinheiro, à minha querida Letícia Lopes Pinheiro, sobrinho e sobrinhas.

Às amigas professoras Lucia Milagres Brigolini, Neysa Maurício Campos, Jussara da Silva Ramos.

Agradeço e dedico aos professores, mais que mestres, professores de VIDA

Pilar Del Río
Porque a "Literatura é VIDA".

José Saramago
"Quando tinha dezesseis anos, lembro-
-me dizer a uns amigos, numa conversa de adolescentes, que ainda haveria de ser escritor. E realmente quis cumprir esse voto. Tanto assim que, meia dúzia de anos depois, estava a escrever um livro e publicá-lo."

Flávio Checker
Leitor a serviço da leitura.

Maria Luiza Kopschitz Bastos
Pessoa bela, uma saudade sem-fim, lembrar-me-ei a chance de minha primeira publicação. (*in memoriam*)

Maria Alzira Seixo
"*Manual* é o cadinho de elaboração de todas as tendências pré-ficcionais de José Saramago, e daí a sua grande importância e originalidade na consideração evolutiva de sua obra."
Naveguei com segurança ao ler essas palavras, mas não só...

Altina de Carvalho Pinheiro
Não raras vezes ajudou-me a guardar as pedras que encontrei pelo caminho; o castelo está a fazer-se...

Elen Pinheiro Affonso
Cumplicidade, sempre atenta às publicações, presentes e descobertas valiosos.

Domingos Lobo
Posfácio preciso, palavras precisas.

Júlio César
Pela tela *O Dia Seguinte* e outras histórias.

Rita Pais
As palavras teceram nossa amizade.

Bernardo Soares
Na Livraria da Travessa, um encontro mágico!

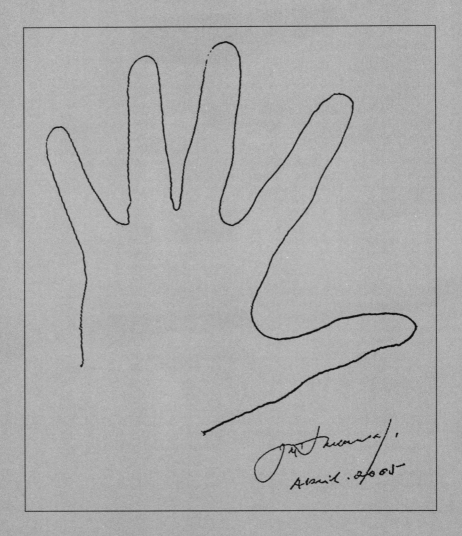

MÃO DE JOSÉ SARAMAGO,
DESENHADA POR ELE MESMO.
ESTE DESENHO FOI LEILOADO
E, ASSIM, ADQUIRIDO POR
JÚLIO CÉSAR (O AUTOR DA TELA
O DIA SEGUINTE).

SUMÁRIO

8 **Prefácio** Pilar del Río

10 **Apresentação** Eula Pinheiro

1. INTRODUÇÃO

17 Traçando um caminho

18 *Manual de Pintura e Caligrafia*: ponto de partida

2. A ESCRITA SEDUTORA

48 O diálogo com a literatura

48 "Todos os caminhos portugueses vão dar a Camões"

69 "O poeta é um fingidor": o jogo intertextual e o texto como construção

86 O diálogo com a *Bíblia*

118 O diálogo com a tradição oral

139 Saramago conversa com Saramago

3. CONCLUSÃO

151 *História do Cerco de Lisboa*: "toda a verdade é ficção"

153 **Posfácio** Domingos Lobo

156 **Bibliografia** Lista de obras de José Saramago e abreviaturas

161 **Caderno de fotos**

PREFÁCIO

Tudo, provavelmente, são ficções, dizia José Saramago. Menos a literatura, que é vida, parece acrescentar Eula Carvalho Pinheiro, que, ao estudar a obra inicial de José Saramago, encontrou-se com um universo de pessoas que a conduziram pelo tempo e pelo espaço até mundos de que não suspeitava quando se pôs a escrever a sua tese, esta que agora se publica e que tanta luz derramará nos que são leitores de José Saramago ou simplesmente leitores. Porque Eula Carvalho Pinheiro, ao embrenhar-se na obra do Prêmio Nobel de Literatura, descobriu que se ler é viajar, é também conhecer a matéria de que somos feitos, sonhos, sensibilidade e persistência. E se os autores escrevem para compreender talvez possa chegar o dia, não sempre nem para todos, em que descubram marcas fundamentais no seu caminho. Assim, José Saramago, sendo já autor de uma vasta obra, deu-se conta de que até a *O Evangelho Segundo Jesus Cristo* tinha estado empenhado em descobrir a estátua, mas que a partir de *Ensaio sobre a Cegueira* o seu interesse era outro, tratava-se de descrever a pedra de que a estátua é feita. Assim foi até chegar a *Caim*, romance em que o escritor penetra sem hesitar no próprio coração da pedra.

Eula Carvalho Pinheiro investiga esta viagem de Saramago, dialoga com o autor para descobrir que talvez ele não tivesse razão quando fez da sua obra um antes e um depois, parece dizer-lhe que todas as suas ficções, toda a sua vida, são a descrição da pedra porque ela é a matéria mais sólida da qual se ergue a realidade que somos. As ficções e os seres humanos que as lemos. Disto trata Eula Carvalho Pinheiro, que escreveu um livro indispensável para os que amam a obra de Saramago, ou seja, ao autor que construiu a realidade à base de ficções que nos fortalecem e dignificam.

PILAR DEL RÍO
Presidenta da Fundação José Saramago
Tradução de Rita Pais

Todo, probablemente, son ficciones, decía José Saramago. Menos la Literatura, que es vida, parece añadir Eula Carvalho Pinheiro, que estudiando la obra inicial de José Saramago se ha encontrado con un universo de personas que la han conducido a través del tiempo y el espacio hasta mundos que no sospechaba cuando se puso a escribir su tesis, esta que ahora se publica y que tanta luz arrojará a quienes sean lectores de Saramago o simplemente lectores. Porque Eula Pinheiro, al adentrarse en la obra del Premio Nobel de Literatura descubrió que si leer es viajar, también es conocer la materia de la que estamos hechos, sueños, sensibilidad y tesón. Y que si los autores escriben para comprender puede llegar el día, aunque no siempre ni a todos, que descubran marcas fundamentales en su camino. Así, José Saramago, siendo ya autor de una obra vasta, se dio cuenta que hasta el *Evangelio Según Jesucristo* había estado empeñado en descubrir la estatua, pero a partir de *Ensayo sobre la Ceguera* su interés era otro, se trataba de describir la piedra de la que la estatua está hecha. Así fue hasta llegar a *Caín*, romance en el que el escritor penetra sin titubeos en el corazón mismo de la piedra.

Eula Carvalho Pinheiro indaga sobre este viaje de Saramago, dialoga con el autor para descubrir que tal vez no tuvo razón cuando de su obra hizo un antes y un después, parece decirle que todas sus ficciones, toda su vida, es la descripción de la piedra porque ella es la materia más sólida desde la que levanta la realidad que somos. Las ficciones y los seres humanos que las leemos. De esto trata Eula Carvalho, que ha escrito un libro indispensable para quienes aman la obra de José Saramago, es decir, al autor que construyó la realidad a base de ficciones que nos fortalecen y dignifican.

PILAR DEL RÍO

APRESENTAÇÃO

Por que o tempo fica eternamente parado em um lugar e voa e se precipita em outro? [...] o acontecido ainda não aconteceu, mas só acontece no momento que pensamos nele [...]

Austerlitz

W. G. Sebald

Em 1993, este livro foi concluído. Daí em diante, muitas pessoas questionaram a não publicação e, agora, outros questionam a razão disso acontecer tardiamente. Acredito que há um tempo certo para tudo. Ana Cândida, editora da Musa, sempre quis publicá-lo, mas era preciso digitá-lo e as inúmeras tarefas assumidas após a conclusão do Mestrado acabaram por postergar a mudança para o meio digital. Além disso, outros fatores colaboraram: tal tarefa somente poderia ser exercida por mim, haja vista a diferença existente entre a escrita do português do Brasil e a do português de Portugal; aconteceu o Acordo Ortográfico (já vigente no Brasil) e a parte da minha escrita precisou ser revista; houve, ainda, a necessidade de incluir algumas observações que se fizeram necessárias, após o tempo decorrido. Chegou, pois, o momento da efetiva divulgação deste livro.

Publicá-lo, neste momento (no qual já desenvolvo minha investigação para o doutoramento), implica citar duas situações distintas – uma alegre e a outra, triste. A primeira se refere ao Prêmio Nobel recebido por José Saramago em dezembro de 1998 – a primeira vez que a literatura de língua portuguesa recebeu essa distinção. A segunda, a partida de José Saramago no dia 18 de junho de 2010, "mas não subiu para as estrelas, se à terra pertencia", continua conosco; e continua, mesmo, a cada vez que a leitura ou a releitura de um de seus textos se realiza, sua presença se faz entre nós.

A alegria não se apresenta tão somente pelo recebimento do Nobel, mas também – e muito significativamente – por estar junto à Fundação José Saramago e conhecer mais de perto o universo saramaguiano. Aqui, em Lisboa, a maior parte da digitação ocorreu. Os documentos reproduzidos nesta edição foram cedidos pela Fundação José Saramago – eu para sempre grata.

Outro fato importante, que me dá ainda mais determinação, força e vontade de seguir em frente, foi ter conhecido Pilar del Río no Rio de Janeiro, no dia 25 de setembro de 2010, por ocasião da estreia mundial do documentário *José & Pilar* (mais que um documentário, uma história de amor); reencontrá-la em Lanzarote, quando a Biblioteca José Saramago foi aberta ao público no dia 18 de março de 2011, percorrer a ilha no dia seguinte em sua presença e de pessoas que havia muito eram amigas de José Saramago, tudo isso foi imensamente importante e significativo. Em Lisboa, em janeiro de 2011, encontrar Ana Matos (neta de José) e Rita Pais (amiga de José, revisora de seus livros e atual Diretora de Literatura da Fundação), Sérgio Machado Letria, Ana Ribeiro. Receber de Ana Matos, na semana seguinte, a surpresa da visita de sua mãe e irmão, filha e neto de José Saramago, Violante e Tiago.

Há poucos meses, em 5 de maio de 2011, ter a satisfação de estar com Pilar, Rita, Mário e Ana Ribeiro na Universidade Nova de Lisboa e presenciar um momento ímpar, chave para a minha tese.

Ter o prefácio escrito por Pilar del Río foi algo que acrescentou o SIM necessário às minhas convicções. Aqui o prefácio se faz bilíngue (traduzido por Rita Pais) como uma maneira ainda mais significativa de agradecimento à Pilar, pois em Espanha nasceu.

A Domingos Lobo o belo posfácio, um estudo preciso da minha trajetória, muito obrigada.

Ao meu amigo Júlio César, agradeço o carinho das memórias comigo compartilhadas; o carinho de presentear-me com a tela *O Dia Seguinte* para a capa deste livro.

Durante esse tempo, em Lisboa presente, tive a oportunidade de conhecer Manuela Silva, das Edições Avante, que gentilmente vislumbrou um aconchegante lugar no Chiado para que eu pudesse morar. Francisco Melo, editor da Avante, da revista *Vértice*, que gentilmente esclareceu-me dúvidas, cedeu material para as minhas investigações do doutoramento, como também proporcionou-me estar presente no lançamento em Faro, Algarve, do III Tomo de obra sobre Álvaro Cunhal.

Inesquecível, ainda, a "viagem da pedra" proporcionada por Mário Teixeira: fizemos de Lisboa a Mafra o caminho do mármore imortalizado no *Memorial do Convento*; uma viagem que me deu conhecer a casa onde provavelmente morou o arquiteto Ludovice (que veio da Itália contratado por D. João V). Obrigada, Mário e Rita Pais, como também à Manuela, companheiros-cúmplices de uma viagem com o vagar necessário a ponto de parar à beira da estrada e caminhar entre campos de papoulas (papoilas). Em certo momento, Mário a fotografar-me e a declamar um poema de José Gomes Ferreira: "Ó pastor que choras / o teu rebanho onde está? / Deita as mágoas fora, / carneiros é o que mais há // uns de finos modos / outros vis por desprazer... / Mas carneiros todos / com carne de obedecer. // Quem te pôs na orelha / essas cerejas, pastor? / São de cor vermelha / vai pintá-la de outra cor. // Vai pintar os frutos / as amoras, os rosais.../ vai pintar de luto / as papoilas dos trigais".

Viver em Lisboa, durante este ano de 2011, proporcionou-me, todavia, mais contato diário com a cidade, conhecer mais intimamente seus aspectos, suas nuances (ajudou-me, sobremaneira, a ter momentos de tranquilidade; de recuperar um pouco a saúde – debilitada por lutas que se ergueram contra mim, aversões "infames" contra os meus ideais, obrigada, Amigos). Estar presente em cerimônias que marcaram um ano de ausência de José Saramago: a *Deposição das Cinzas*, na manhã do dia 18, sob a oliveira (transplantada de Azinhaga, onde Saramago nasceu); ainda no mesmo dia, à noite, na Cinemateca, o lançamento do DVD e do CD da trilha sonora de *José & Pilar*, com sessão especial do documentário-filme. No dia 19 de junho, o concerto *As últimas Sete Palavras de Cristo*, no Centro Cultural de Belém. Alguns dias após, dia 29 de junho, dia de quatro anos da existência da Fundação José Saramago, estar no lançamento do livro *Palavras para Saramago* e presenciar e participar de uma sessão de leitura ininterrupta do livro. Sessão que ultrapassou as três horas iniciais (previstas), pois muitos autores e autoras, além de seus textos, sentiram-se impulsionados(as) a proferirem algumas palavras mais que a emoção acaba por determinar. Coube-me representar o Brasil e, para tanto, entre os muitos autores presentes, escolhi o texto "Saramago conseguiu a proeza de ser um grande romancista moderno", de Leyla Perrone-Moisés.

Em dezembro de 2011, oportunidade singular foi-me oferecida: estive junto da Fundação na preparação da Homenagem ao Prêmio Nobel de 2011, o poeta e escritor sueco Tomas Tranströmer. Essa comemoração aconteceu em 9 de dezembro. Todavia, houve a lembrança e a comemoração dos treze anos do Prêmio Nobel atribuído a José Saramago no ano de 1998.

A publicação deste livro significa – para além do que para mim representa – uma divulgação dos romances que José Saramago publicou entre o *Manual de Pintura e Caligrafia* e *História do Cerco de Lisboa* – como ele mesmo denominou a "A Estátua"–; não houve tempo de ser incluído o *Evangelho Segundo Jesus Cristo*, pois sua edição saiu muito próxima do final da minha escrita.

No doutoramento, prossigo com a obra de José Saramago, privilegiando "A Pedra", ou seja, os textos ficcionais e não ficcionais (de caráter universal) como o romance *Ensaio sobre a Cegueira* e o Discurso de Estocolmo, apenas para exemplificar. Todavia, José Saramago nunca deixou de escrever sobre "A Pedra", pois o Homem, sempre essência de suas obras, presente está acompanhado por venturas, aventuras e desventuras.

EULA PINHEIRO
Lisboa, 27 fevereiro de 2012

1. INTRODUÇÃO

A História é uma ficção.

JOSÉ SARAMAGO

Se, por não sei que excesso de socialismo ou de barbárie, todas as nossas disciplinas devessem ser expulsas do ensino, exceto uma, é a disciplina literária que deveria ser salva, pois todas as ciências estão presentes no monumento literário.

ROLAND BARTHES

Traçando um caminho

Iniciamos a leitura da obra de José Saramago com *Levantado do Chão*. A partir daí a sedução pela escrita saramaguiana nos invadiu completamente, não só porque estávamos diante de um grande texto da literatura contemporânea, mas também porque nos sentimos impelida a participar de uma grande aventura: "a escrita". Tornou-se necessário, então, seguir em frente. Aliás, essa é uma tendência natural de todo leitor contemporâneo, já que a literatura, direta ou indiretamente, o convida a participar de sua enunciação, transformando-o num personagem implícito ou num "ouvinte silencioso ou inserido"[1], fato menos evidente no diálogo estabelecido pelos narradores saramaguianos com o leitor.

A preocupação com o processo de produção e recepção, entretanto, amplia-se. Hoje a linguagem é essencialmente metadiscursiva, pois traz para o seu interior a própria língua como tema. Além disso, a linguagem literária retoma questões anteriormente abordadas pelo texto crítico, fazendo conviver, paralelamente, em um mesmo texto, os discursos literário, crítico e histórico, num repensar contínuo de todo um passado cultural à luz dos olhos críticos do presente.

Nesse sentido, a escrita saramaguiana, autoconsciente de sua herança literária e histórica, estabelece um diálogo reavaliador com a cultura ocidental e, particularmente, com a cultura e história portuguesas por meio de um intenso processo intertextual e autorreferencial, tendo a História como cenário de toda essa aventura.

Ora, nossa proposta tem que ver com essa atenção à escrita dos romances de José Saramago, à preocupação autorreflexiva que eles refletem, ao peso de uma linguagem necessariamente densa e voluntariamente opaca que faz dos textos lidos, não só o relato de aventuras – grandiosas ou não, sedutoras e mágicas –, mas também um espaço aberto à sedução e à magia do próprio fenômeno literário. Do *Manual de Pintura e Caligrafia* à *História do Cerco de Lisboa* esse percurso tem veredas infinitas.

---

1 HUTCHEON, 1991, p. 107.

Manual de Pintura e Caligrafia: ponto de partida

> Conhece-te a ti mesmo.
> Sócrates

> Na literatura como na vida, o adolescente deve ser ultrapassado pelo homem maduro, o aprendiz deve ceder lugar ao mestre; tudo é uma questão de educação, sentimental ou estilística.
> Leyla Perrone-Moysés

Se um leitor inverter aleatoriamente a ordem de leitura das obras ficcionais de José Saramago, deixando por último o *Manual de Pintura e Caligrafia*, verá que o texto deste primeiro romance aponta, a todo momento, o caminho a ser percorrido nos textos seguintes. No prefácio à edição de 1985 do *Manual*, verificamos, aliás, que Luis de Sousa Rebelo analisa a obra a partir desta mesma perspectiva ao afirmar que:

> Cada uma das obras anunciadas tem vindo a lume com uma regularidade notável e em cada uma delas se retoma uma problemática, focada de outros ângulos, que havia sido examinada e explorada nas obras anteriores. [...] Ao retomarmos como parâmetros actuais do seu discurso de ficção os textos de *Levantado do Chão* e *Memorial do Convento*, veremos que a matriz donde estes textos promanam é o *Manual de Pintura e Caligrafia* que lhes é anterior em data de composição e publicação.[2]

Também desta maneira procede Maria Alzira Seixo: "*Manual* é o cadinho de elaboração de todas as tendências pré-ficcionais de

---

2 REBELO, 1985, p. 23-4.

José Saramago, e daí a sua grande importância e originalidade na consideração evolutiva de sua obra"[3].

Essas propostas de leitura do *Manual* serão pontos de partida de nossa análise. Sobretudo porque acreditamos que a cada leitura desvela-se um dado novo que estava imperceptível na anterior.

Iniciemos esta leitura imaginando um edifício. Para a sua construção é preciso, antes de qualquer coisa, preparar o solo e fundar o alicerce para sustentá-lo. Só depois se poderão levantar as paredes, as lajes, e, por fim, a cobertura. Agora, transportemos essa imagem para outra construção, a literária, na qual o *Manual*, tal qual o alicerce para a construção civil, é a base que se fez necessária para outra construção, a ficção de José Saramago. Assim, erguem-se sobre esta base quatro narrativas: *Levantado do Chão, Memorial do Convento, O Ano da Morte de Ricardo Reis* e *Jangada de Pedra*, como se fossem quatro blocos edificados, dando prosseguimento ao projeto inicial. Abarcando essas quatro narrativas, encontra-se o romance *História do Cerco de Lisboa*: a cobertura comum que cerca as propostas apresentadas nas obras anteriores, ou seja, será nesse romance que veremos o discurso ficcional reafirmar e aprofundar temas apontados nos romances que o antecederam, entre os quais destacamos a retomada da História Oficial sob os olhos críticos e decisivos da ficção. É aqui que um cidadão comum, cuja função propositadamente é a de um revisor tipográfico, reconstrói a história do cerco de Lisboa, episódio fundador da nacionalidade portuguesa. É evidente, entretanto, que o romance *História do Cerco de Lisboa*, visto como a "cobertura" que abrange os outros cinco, não pressupõe o encerramento das propostas apontadas pela ficção de José Saramago. Sua produção em processo não esgota aqui suas estratégias criativas. Depois de *História do Cerco de Lisboa*, temos já o *Evangelho Segundo Jesus Cristo* e a peça sobre os anabatistas, que estava a caminho, acaba de ser lançada.

---

3 Seixo, 1987, p. 28-9.

O leitor perceberá, aliás, que o caminho percorrido por tais narrativas muitas vezes se cruzam. É forte a memória intratextual e esses textos dialogam entre si. Já o narrador do *Manual* afirma que há uma "lição importante: nada se escreve uma vez só" (*MPC*, p. 167)[4]. "Todas as linhas humanas são tortas, tudo é labirinto" (*MPC*, p. 232), inclusive a escrita nesse constante vaivém.

Paralelamente a essa prática intratextual, há também, e de forma bem nítida, o jogo intertextual na ficção de José Saramago. O escritor é, pois, essencialmente leitor de sua obra e da obra de outros escritores portugueses ou estrangeiros. Escritura e leitura são como dois polos do processo de criação literária: é no ato da leitura que se dá o prolongamento do texto.

Leila Perrone-Moysés diz a esse respeito:

> Barthes vai notar que um texto se reescreve indefinidamente à medida que é sucessivamente lido e, ainda mais, que ele só se escreve no momento em que é lido, já que a leitura é a condição da escritura e não o inverso, como antes se postulava.[5]

No *Manual*, H. é um pintor medíocre e, como tal, não poderia dar a seus quadros a chance de um prolongamento. Logo no primeiro capítulo ele denuncia a mediocridade do que produzia: "isto que faço não é pintura" (*MPC*, p. 45), o que por outras palavras seria o mesmo que dizer que suas obras não eram arte. Seus quadros, sempre o retrato encomendado por alguém, saíam diretamente do cavalete de seu ateliê para o local escolhido pelo retratado. Era este o seu negócio, "jogar pelo seguro, com dinheiro à vista" (*MPC*, p. 45). Ninguém mais os conhecia, a não ser, é claro, aqueles que – como a secretária Olga na SPQR – por alguma razão eram obrigados a passar pelo local onde estavam expostos;

---

4 As transcrições de texto das obras de José Saramago serão identificadas ao longo do livro entre parênteses, com o título abreviado, seguido do número de página. No final do livro o leitor pode consultar uma lista das obras de José Saramago e suas respectivas abreviaturas. (N. E.)

5 Perrone-Moysés, 1978, p. 18.

não são admirados espontaneamente, a obra não circula. Essa postura alienante, esse "pintar anestesiado e alheio" (*MPC*, p. 49) foi, por muito tempo, a primitiva maneira que H. encontrou para viver: pintar retratos – copiar rostos – quando a fotografia era, talvez, mais adequada para este fim.

> A minha vida é uma impostura organizada discretamente: como não me deixo tentar por exagerações, fica-me sempre uma segura margem de recuo, uma zona de indeterminação onde facilmente posso parecer distraído, desatento, e, sobretudo, nada calculista. Todas as cartas do jogo estão na minha mão, mesmo quando não conheço o trunfo: é certo que pouco ganho quando ganho, mas as perdas também são mínimas. Não há grandes e dramáticos lances na minha vida.
>
> (*MPC*, p. 75-6)

> Este pintor-impostor não é, contudo, um homem medíocre, visto que convive com uma constante reflexão sobre si mesmo. Refletir sobre sua vida, seu trabalho, e a mentira que tudo isso encobriu ao longo dos anos, classificar sua própria vida de uma "impostura organizada" já evidenciam um despertar de consciência: "O verdadeiro lugar de nascimento é aquele em que, pela primeira vez, se lança um olhar inteligente sobre si mesmo [...][6]"
>
> (*MPC*, p. 134)

H. lançou um olhar inteligente sobre si mesmo ao encontrar a escrita: uma escrita que se opõe à pintura na medida em que ultrapassa a referencialidade da cópia para descobrir a multiplicidade de uma arte se fazendo. Na verdade a grande questão talvez não seja pintura x escrita, mas arte referencial e arte como invenção do real, aquela a que, por isso mesmo, subjaz a ideia de

---

6 São palavras do livro *Memórias de Adriano*, de Marguerite Yourcenar, que o narrador primeiro apresenta como suas, mas que logo a seguir reescreve entre aspas, indicando ao leitor sua origem.

eterno prolongamento, de eterna possibilidade de leitura. Aí sim, este homem de quase 50 anos nasceu verdadeiramente[7].

> Mas hoje, precisamente porque estou sentado diante deste papel sei que os meus trabalhos só agora começam.
>
> (*MPC*, p. 49)

> Observo-me a escrever como nunca me observei a pintar, e descubro o que há de fascinante neste acto: na pintura, vem sempre o momento em que o quadro não suporta nem mais uma pincelada (mau ou bom, ela irá torná-lo pior), ao passo que estas linhas podem prolongar-se infinitamente, alinhando parcelas de uma soma que nunca será começada, mas que é, nesse alinhamento, já trabalho perfeito, já obra definitiva porque conhecida. É sobretudo a ideia de prolongamento infinito me fascina. Poderei escrever sempre, até ao fim da vida, ao passo que os quadros, fechados em si mesmos, repelem, são eles próprios isolados na sua pele, autoritários, e, também eles, insolentes.
>
> (*MPC*, p. 54)

A partir do momento que passa a observar o que faz, H. reconhece que seu grande erro foi achar que "a verdade é captável de fora, com os olhos só" (*MPC*, p. 116) e descobre na escrita o poder que ela lhe dá de "reconstruir tudo pelo lado de dentro, medindo e pesando todas as engrenagens" (*MPC*, p. 57). Nesse sentido, o *Manual* será o espaço do aprendizado: da escrita, da pintura, mas, sobretudo, do homem em relação a si mesmo, seguindo o preceito socrático de que o homem deve voltar-se para dentro de si mesmo para conhecer-se – ou com palavras do próprio do próprio H., interpretando Sócrates, pela possibilidade de

---

7 Maria Therezinha do Prado Valadares faz uma leitura do *Manual* enfocando justamente esse segundo nascer de H. e o homem que daí surgiu.

"nascer(em) do seu dentro" (*MPC*, p. 232), "de fazer de si mesmo seu próprio ponto de partida"[8]; pois o desconhecimento é simplesmente o nunca ter-se procurado conhecer – nos dirá Nietzche[9] –, e sem procura não há o encontro. No entanto, "tudo no mundo está dando respostas, o que demora é o tempo das perguntas" (*MC*, p. 329), afirma o narrador do *Memorial do Convento*, numa releitura inteligente da proposta marxista. Dessa forma, a escrita pode ser "mais reveladora de quem é o que escreve" (*MPC*, p. 167). Pensar as palavras, investigá-las, certamente traz maior possibilidade de (auto)conhecimento. Afinal é com a escrita que H. avaliará toda a sua pintura, diferenciando-a das obras vistas na Itália, as que o fizeram "dobrar os joelhos", porque aquelas, sim, eram obras de arte.

É também por meio do contínuo exercício da escrita que este novo homem descobre que estar no mundo é sentir-se sempre em falta. E só agora ele pode se dar conta de que a falta era muito maior durante o tempo em que esteve pintando retratos. Com certeza, uma das maiores angústias dos homens é ter consciência da vida. "Quão breve tempo é a mais longa vida"[10], dirá o poeta. A angústia nasce, inclusive, quando o homem percebe que a morte é um fato inevitável, "a morte assusta" (*MPC*, p. 236) afirma H. Com esta preocupação a ocupar os pensamentos, fragilizado pela constatação, mas buscando um sentido que justifique o existir, H. avalia o seu trabalho de pintor, traçando ao longo de toda a narração um paralelo entre o pintor inútil que era.

> Disse que não gosto de minha pintura: porque não gosto de mim
> e sou obrigado a ver-me em cada retrato que pinto, inútil, cansado, desistente, perdido, porque não sou nem Rembrandt nem
> Van Gogh. Obviamente.
>
> (*MPC*, p. 117)

---

8   Os Pensadores. "Sócrates", 1987, p. XX.
9   Os Pensadores. "Nietzsche", 1967, p. 17.
10 Os Pensadores. "Pessoa", 1986, p. 277.

> Detestei S. por me fazer sentir tão infeliz, tão irremediavelmente
> inútil, tão pintor sem pintura [...]
>
> (*MPC*, p. 87)

E o homem útil que está a construir-se.

> Escrevo isto em casa, já se vê, depois de ter dormido não mais
> que quatro horas, e como me parece necessário, ou útil, ou pelo
> menos não prejudicial, nem sequer para mim, decido continuar
> a escrever [...]
>
> (*MPC*, p. 129)

Por desejar libertar-se da inutilidade, H. inutiliza o segundo retrato de S., pois, como ele mesmo previu, "ambos os retratos são inúteis" (*MPC*, p. 43); como inútil é a arte que não denuncia que a vida por si só não basta. Com base nessas reflexões, H. conclui que deve dar ao seu trabalho "uma razão para continuar a ser" (*MPC*, p. 115), porque a arte é necessária. Ela é a forma que o artista encontrou para suprir parte da falta sentida no mundo e, consequentemente, a forma que o público encontrou para suprir parte de sua própria falta por meio da leitura que empreende: essa é a interpretação que faz da obra de arte, seja ela literária ou não.

Além de classificar a sua própria obra com os conceitos de útil e inútil, H. também os atribuirá a todas as obras que as mãos do homem são capazes de construir. Aliás, José Saramago é um escritor que sempre se mostrou fascinado pelas peças – de arte ou não – construídas pelas mãos do homem; esta sedução transparece tanto nos seus textos literários[11] quanto em entrevistas – uma das quais concedida, em 1991, a uma jornalista da televisão brasileira, que, ao entrevistá-lo, perguntou-lhe a razão de tantas peças sobre os móveis da sala de sua casa. A resposta dada por Saramago, naquela oportunidade[12], pode ser resumida na citação a seguir:

---

11 *Memorial do Convento* por si só nos dá alguns exemplos: a construção do convento, da passarola, a música de Domenico Scarlatti.
12 *Jornal da Globo*, Rede Globo de Televisão, 1991.

> Agora, sim, estou no chão, de pernas cruzadas como o escriba egípcio do Louvre, a cabeça e olho o santo, baixo-a e olho a cadeira, duas obras de homem duas justificações para viver, e discuto comigo mesmo sobre qual é mais perfeita, mais adequada à função, mais profundamente útil.
>
> (*MPC*, p. 178-9)

Em seu livro *Viagem a Portugal*, verificamos que algumas fotografias foram tiradas pelo próprio Saramago. Isso não traria um interesse maior se não fossem as fotos que são[13]: o homem e a mulher – Daniel São Romão e sua mulher em Rio de Onor –, as crianças em Castro Laboreiro, peças produzidas pelas mãos de mulheres portuguesas – as bordadeiras de Cidadelhe, e outras; porém, todas, sem exceção, de homens ou de obras construídas por suas mãos. Bem sabemos que a evolução do ser pré-humano ao humano é atribuída, primeiro, à mão. Ernst Fisher retoma esta ideia de maneira perspicaz:

> O ser pré-humano que se desenvolveu e se tornou humano só foi capaz de tal desenvolvimento porque possuía um órgão especial, a mão, com a qual podia apanhar e segurar objetos. A mão é o órgão essencial da cultura, o iniciador da humanização.[14]

Não é à toa que, no *Manual*, Antônio – irmão de M. – é arquiteto e um dos construtores do 25 de Abril. Evidentemente não só o arquiteto constrói com as mãos o que antes elaborou mentalmente, outras profissões há que também o fazem. Porém, estamos diante de um texto que reflete a construção sobre vários ângulos, quer seja de um homem, da escrita, do amor ou do próprio país. E, nesse sentido, a função de arquiteto para esta personagem representa especificamente uma metáfora da construção que envolve toda esta narrativa.

---

13 Saramago, 1990, p. 17, 53, 114.
14 Fischer, 1981, p. 22.

"Tudo é biografia, ou melhor, autobiografia" (*MPC*, p. 154). E a construção de uma (auto)biografia implica (re)mexer com todo o passado, "tantos anos já, e não apenas meus porque estão misturados com os de outra gente" (*MPC*, p. 129). Por esta razão no final do romance H. passa alguns dias sem escrever, não queria transformar as "últimas"[15] páginas de sua autobiografia num diário. A marca fundamental que difere uma (auto)biografia de um diário é que este reduz-se ao momento presente de uma pessoa, pois está cunhado na sequência cronológica, ao passo que a (auto)biografia é uma releitura da vida, na qual todos os momentos, ordenados ou não, se interligam, se respondem sem submissão aos limites da cronologia.

> Creio que a nossa biografia está em tudo o que fazemos e dizemos, em todos os gestos, na maneira como nos sentamos, como andamos e olhamos, como viramos a cabeça ou apanhamos um objecto no chão.
>
> (*MPC*, p. 153)

> Insisto que tudo é biografia. Tudo é vida vivida, pintada, escrita: o estar vivendo, o estar pintando, o estar escrevendo: o ter vivido, o ter escrevido, o ter pintado.
>
> (*MPC*, p. 170)

> Aliás, a melhor arma contra a morte não é a nossa simples vida, por mais única, por mais preciosa que legitimamente nos seja. Essa melhor arma não é esta vida minha que a morte assusta, é tudo quanto foi vida antes e perdurou, de ser em ser, até hoje. Tive o crânio de meu pai na mão e não senti medo nem repugnância nem desgosto: somente uma estranha impressão de força, [...]. Sujo de terra, despido de carne,

---

15 De fato não serão as últimas páginas, pois, como diremos adiante, a autobiografia continua sendo construída nos textos seguintes.

tão diferente do que com ele fora, tão igual a todos os crâ-
nios, tão pedra de construção.

(*MPC*, p. 236)

Ao dizer que o crânio de seu pai era uma "pedra de construção",
H. estava afirmando que a vida é ininterrupta, a vida dos homens
(crânio como pedra de construção), a vida do universo (húmus quase eterno que se nutre de poeira humana). Não estariam aí os indí-
cios do fascínio de Pedro Orce na *Jangada de Pedra*?

Durante milhões de anos, milhões de milhões de homens nasceram da terra e para ela voltaram. O húmus terrestre já é muito
mais poeira humana do que crosta original, e as casas em que
vivemos, feitas do que da terra saiu, são construções humanas,
no sentido rigoroso de humano, feitas de homens. Por isso eu
escrevi que o crânio de meu pai era como pedra de construção.

(*MPC*, p. 237)

Explica-se, então, a alusão que faz este narrador ao *Hamlet* de
Shakespeare quando a personagem-título, diante do crânio de Yorick, diz: "Ser ou não ser". A princípio, H. pensa "que não poderia
dizer-se mais entre um morto e um vivo" (*MPC*, p. 236), mas logo
reflete e conclui que não é bem assim, a vida continua: muito tempo depois de Shakespeare nasceu Marx e muito tempo antes de
ambos nascera Sócrates, e os três ainda continuam vivos, "não foram riscados da história". O passado é necessário, lê-lo, investigá-
-lo, reconstituí-lo é conhecer-se cada vez mais: é preciso "levantar
do chão os nossos mortos" (*MPC*, p. 238), porque esquecê-los é
morrer. Dando continuidade à vida e à escrita, e, por conseguinte, continuando a escrever uma biografia[16], surgem *Levantado do
Chão,* de onde também se levantam os mortos, e os demais romances deste conjunto de obras ficcionais.

---

16 Como dito na nota anterior, a autobiografia continua.

Como então se dá a construção desse texto que traz em seu interior as indicações dos caminhos a serem percorridos nos outros? Para traçarmos este "mapa" textual temos, primeiro, que avaliar o que seja este *Manual de Pintura e Caligrafia*, já que o próprio título suscita indagações. Se verificarmos em um dicionário, veremos que a palavra "manual", como um substantivo, significa livro-guia que ensine alguma coisa ou dê a direção para construir-se algo. O título provocou uma confusão entre os seus primeiros leitores, pois muitos pensavam estar adquirindo um compêndio que lhes ensinasse algo a respeito de pintura e caligrafia. Isto é um tipo de jogo de que Saramago parece gostar muito, haja vista o título de seus romances: *Memorial do Convento*, no qual o leitor desatento poderá pensar que está diante de um texto cujo único objetivo é relatar a "memória" da construção do Convento de Mafra pelo rei D. João V: "trapaça salutar", o romance vai muito além dessa primeira possibilidade; e ainda *História do Cerco de Lisboa,* em que o leitor poderá pensar que está diante da narrativa oficial de um episódio da história portuguesa que simplesmente aborda a rendição definitiva dos mouros; o *Manual,* por sua vez, é um romance que vai refletir, sobretudo, a questão da obra de arte e seu investimento na história e na filosofia.

Numa definição tradicional de autobiografia, veremos que este gênero narrativo corresponde ao texto cujo autor empírico – aquele responsável civilmente pela obra, aparecendo seu nome no frontispício – e narrador se confundem[17]. Em termos ficcionais os limites são mais tênues e, ultrapassando a relação com o autor, diríamos que é no texto autobiográfico que o sujeito da enunciação e o sujeito do enunciado mantêm entre si uma íntima relação. O sujeito da relação é um narrador autodiegético, pois "relata suas próprias experiências como personagem central"[18] de sua história: ele é o herói de sua narrativa.

---

17 LEJEUNE, 1975.
"Autobiographie: récit rétrospectif en prose qu'une personne réelle fait de sa propre existence, lorsqu'elle met l'accent sur sa vie individuelle, en particulier sur l'histoire de sa personnalité."
18 REIS & LOPES, 1987, p. 251.

O *Manual* é um romance com fortes características de autobiografia, concebida fundamentalmente como ficção, como invenção. E, como tal, autor empírico e narrador são entidades distintas (até certo ponto); pois José Saramago – autor empírico do *Manual* – cria um autor textual, porque só existe nesse texto e, por conseguinte, só os leitores desse texto o reconhecem, que é também o narrador autodiegético: H., o condutor dessa autobiografia que se quer conscientemente ficcional.

> Escrever na primeira pessoa é uma facilidade, mas é também uma amputação. Diz-se o que está acontecendo na presença do narrador, diz-se o que ele pensa (se ele o quiser confessar) e o que diz e o que faz, e o que dizem e o que fazem os que com ele estão, porém não o que esses pensam, salvo quando o dito coincida com o pensado, e sobre isso ninguém pode ter certeza.
>
> (*MPC*, p. 151)

Todas as autobiografias "começam num ponto comum, a que se dá o nome de nascimento" (*MPC*, p. 143). Quando H. faz tal afirmativa estava sendo irônico, referia-se à maneira tradicional de se iniciar um texto autobiográfico, partindo sempre do nascimento biológico. Porém, como dito ficou, a autobiografia de H. parte de um segundo nascer, o de um "lançar um olhar inteligente sobre si mesmo", aquele momento que todo o ser humano pode vir a ter, mas que poucos têm.

De um modo ou de outro, o escrever é sempre um nascimento, um começo. E é esse começo ficcional que conta aqui. Na narrativa que constrói sobre esse processo de crescimento, H. introduz em seu texto cinco capítulos intitulados "exercícios de autobiografia", nos quais narra sua viagem à Itália, expondo sua paixão pela arte numa "entusiástica e banal soma descritiva de visitas a museus que lhe dão o sentido do conhecimento e a perfeita relação espaço-tempo"[19]. Para H., todas as pessoas conscientes de seu verda-

---

19 Seixo, 1987, p. 32.

deiro nascer devem ir à Itália, país em que confessa entrar sempre "em estado de submissão total, de joelhos" (*MPC*, p. 137).

Entre esses "exercícios de autobiografia" há sempre dois capítulos nos quais H. comenta e reflete sobre o que escreveu. Essa sequência só se rompe uma única vez: quando interrompe, no "terceiro exercício", as descrições das obras de arte de Ferrara e introduz, com outro tipo gráfico, dois curtos períodos "(RECEBI CARTA DE ADELINA. DECIDIU ACABAR NOSSA RELAÇÃO)" (*MPC*, p. 182), numa referência (também única) a seu mundo particular dentro desses cinco capítulos. A carta de Adelina é transcrita integralmente no capítulo e, aliás, o ocupa inteiramente[20], para servir de base para o comentário de H. sobre o estilo aí empregado, que, na realidade, difere profundamente do seu. É interessante encontrar esse jogo especular no qual a ficção aborda a ficção, esse obsidiante repensar da escrita como produção, domínio constante na produção posterior de José Saramago.

> Não tinha reparado antes: Adelina escreve bastante bem. *Tem umas frases curtas, uns períodos cortados que eu não sou capaz, ou raramente sou de usar assim.* É uma carta para guardar e reler. Como seria que a escreveu? De uma só vez, de jacto, num impulso, ou, pelo contrário, tentou, tacteou, até encontrar o tom justo, nem seco nem piegas, nem altivo nem lacrimoso? Gostaria de saber. *Ponho-me a pensar no que poderia ser uma carta destas escritas por mim, e vejo-a enovelada, com umas frases intermináveis*, a querer explicar o inexplicável, ou então, em vez disso, e pior, um desastre de sequidão, de insolência. Sabendo bem, e sabendo-o agora mesmo, que uma imensa aflição (mas inútil, mas agravante) se poderia respirar sobre as palavras escritas, duras que fossem ou até malévolas.[21]

---

20 A transcrição da carta de Adelina (como dissemos: um capítulo inteiro) encontra-se nas páginas 36 e 37, a seguir.
21 Grifos nossos.

Nessa ficção outros textos são convidados a participar explícita ou implicitamente. Afinal toda a escrita é intertextual[22]. Há, assim, a transcrição de um trecho da *Contribuição para a Crítica da Economia Política,* de Karl Marx. Para H. "é preciso acrescentá-la a Sócrates e à arte para que o sentido prossiga" (*MPC*, p. 233), o sentido de sua obra, de sua vida. Por outra razão também é introduzido o decreto de Fernando VII, marcando suas influências para Portugal, pois lá ficava restaurada a Inquisição na Península Ibérica. O tempo passado entre o momento do decreto e o momento da escritura do texto ficcional não importa. O que se faz necessário é "repetir hoje tudo isto, para que tudo viesse a ter a testemunha que faltou: eu" (*MPC*, p. 200). O *eu* que pode reler o passado, o *eu* que passa a participar do presente ao receber uma cópia do manifesto do Movimento dos Oficiais.

Nesse jogo entre realidade e ficção, verdade e mentira, H. questionará num capítulo específico outras três autobiografias: a de *Robinson Crusoé*, de Daniel Defoe, as *Confissões*, de Jean Jacques Rousseau, e *Memórias de Adriano,* de Marguerite Yourcenar, e as comparará com a sua, introduzindo, em seu texto, trecho dessas outras obras "com a honesta intenção de aprender" (*MPC*, p. 133). Observando esses textos, H. diz que não vê diferença entre a *verdade* de Rousseau e a *invenção* de Defoe, a não ser, é claro, pelo conteúdo de cada escrita. Então, H. conclui que "toda a verdade é ficção" (*MPC*, p. 134), até mesmo o discurso oficial, e esse ainda mais por se dizer absoluta. A verdade – como nos dirá o narrador de *O Ano da Morte de Ricardo Reis* – é diáfana (*RR*, p. 62)[23], não pode ser fixada, é relativa e com o tempo pode vir a ser modificada. E o sagaz revisor da *História do Cerco de Lisboa* acrescentará: "tudo o que não for vida, é literatura" (*HCL*, p. 15).

Vinte e três dias após iniciar sua escrita, H. questiona o que o levou a escrever; será que queria realmente descobrir a verdade de S.? Agora, após "todo o caminho andado nestas páginas"

---

22 PERRONE-MOISÉS, 1978, p. 63.
23 E, nesse momento, o autor traz essa afirmação do romance *O Crime do Padre Amaro*, de Eça de Queirós.

(*MPC*, p. 97), ele tem consciência de que se esse foi o motivo inicial, já não o é mais, visto que a verdade... "Que é a verdade? Perguntou Pilatos" (*MPC*, p. 99). Dessa forma, sequer a leitura das páginas já escritas pode dar-lhe a resposta desejada. "[...] aliás a consulta só me daria a camada exterior, imediata, de um propósito formulado em palavras, não as de este escrever de hoje, mas do escrever então [...]" (*MPC*, p. 99).

A verdade é constituída de palavras e essas, quase sempre, são incapazes de representar com exatidão a realidade. Aliás, elas não representam a realidade, mas a reconstroem: "a linguagem literária perde o mundo para recriá-lo melhor"[24], ou ainda, "a literatura parte de um real que pretende dizer, falha sempre ao dizê-lo, mas ao falhar diz outra coisa, desvenda um mundo mais real do que aquele que pretendia dizer"[25].

> [...] escrevo isto horas depois, é do ponto de vista do acontecido que relato o que aconteceu: não descrevo, recordo e reconstruo.
>
> (*MPC*, p. 280)

Como a ficção não está comprometida com a realidade, ela é a forma que mais se aproxima da exatidão, por "ser real invenção e não mero decalque de experiências anteriores" (*MPC*, p. 115).

> Às vezes, contamos certo, mas o acerto é muito maior quando inventamos. A inventamos. A invenção não pode ser confrontada com a realidade, logo, tem mais probabilidades de ser exacta.
>
> (*MPC*, p. 172)

> Brinco com as palavras como se usasse as cores e as misturasse ainda na paleta. Brinco com estas coisas acontecidas, ao procurar palavras que as relatem mesmo só aproximadamente. Mas

---

24 Perrone-Moisés, 1978, p. 63.
25 *Ibidem*, p. 102.

em verdade direi que nenhum desenho ou pintura teria dito, por obras das minhas mãos, o que até este preciso instante fui capaz de escrever, e atrever.

(*MPC*, p. 92)

Diante desse caráter tão tênue e sempre em falta da linguagem, só resta ao escritor procurar um caminho que lhe possa dar, mesmo que temporariamente, a sensação de plenitude. Este caminho encontrado por Saramago, e por tantos outros desde Sócrates, é a ironia: sem ela "seria, provavelmente, mais difícil viver"[26]. Por meio da dissimulação, do não querer dizer, a ironia diz: ela se enviesa por caminhos tortuosos, mas chega a um lugar impossível de ser atingido sem a sua ajuda. Com ela fica mais fácil abordar temas tão melindrosos como a História Oficial e o texto bíblico, como também fica mais sedutor construir o texto ficcional.

H., "após esta viagem de escrever tantas páginas" (*MPC*, p. 238), sente-se um homem diferente; não é mais aquela pessoa "anestesiada e alheia" de antes, e sabe que esta transformação se deve ao contínuo exercício da escrita.

"Esta escrita vai terminar. Durou o tempo que era necessário para se acabar um homem e começar outro." (*MPC*, p. 312)

No entanto, Antônio, "o amigo que ouvia mais do que falava" (*MPC*, p. 271), pode ver, mesmo antes do próprio H., que estava próximo o seu verdadeiro nascer. Aconselhou-o a ler a *Contribuição para a Crítica da Economia Política* de Marx, e, ao encontrar o quadro utilizado, percebeu que este homem, em pouco tempo, seria outro. Depois do episódio do quadro, Antônio desaparece. Quando H. fica ciente que esse desaparecimento é consequência da participação do amigo nos movimentos antifascistas – por isso havia sido preso pela PIDE em Caxias –, reflete sobre as atitudes passadas do amigo e compreende o porquê de tudo nos gestos e ações de Antônio.

---

26 *Gente de Expressão*, Rede Manchete de Televisão, abril de 1992.

Olho para trás, revejo-o, trago-o da ausência, procuro reconstituir palavras soltas e frases suas, ao longo dos anos, e sempre encontro alguém que ouvia mais do que falava. Mas lembro que foi precisamente ele que me aconselhou a ler a *Contribuição para a Crítica da Economia Política* e que mais tarde me perguntou se eu já tinha lido, calando-se bruscamente quando respondi que ainda não, que já comprara o livro, mas que faltara o tempo. E lembro que depois não fui eu capaz de lhe dizer que já lera, quando enfim li o livro, mas não todo. Deve isto ficar confessado porque é verdade. Recordo-o na cena do quadro descoberto no meu quarto de arrumações, aquele coberto de tinta preta que ocultava o segundo retrato de S. (como se parece distante), e examino-a à luz desta situação de hoje. À luz, também, da luz que estas páginas (me) fizeram. Tudo me fizeram agora claro.

(*MPC*, p. 271-2)

Indiretamente, Antônio também é o responsável pelo encontro de H. e M.: nunca falara de nenhum dos outros amigos, mas falara-lhe de H. Este encontro marca outro começo para H., o início de um verdadeiro amor com uma mulher forte – como de resto são todas as personagens femininas de José Saramago –, consciente do momento político de seu país. Ao acompanhar M. em Lisboa, na tentativa de visitar Antônio na prisão, H. percebe a relação entre os cinquenta anos de ditadura e os cinquenta anos de um homem que viveu "anestesiado e alheio", mas que começa a aprender a viver através da experiência do amor e da escrita.

H. e M. dormiam, quando foram acordados pelo tocar do telefone. Chico, outro amigo de H., avisava aos gritos que "os tempos assinalados" (*MPC*, p. 210) haviam chegado. Era, pois, a madrugada do 25 de abril. Levantaram juntos, "e embrulhados no mesmo lençol" (*MPC*, p. 315), foram à janela e vislumbraram a cidade no dia da tão sonhada Revolução dos Cravos.

O "tempo" se faz quase personagem da escrita ficcional de José Saramago. O ano de 1974 marca não só um novo começo para o país

– Portugal – como também para a ficção desse autor engajado na releitura de seu passado cultural, como português e cidadão do mundo. Por isso, a leitura do *Manual* nos fornece, em vários momentos, pistas a serem seguidas nas próximas narrativas. Voltando ao que nos diz H. – "o tempo só precisa de tempo" (*MPC*, p. 267), ou ainda, é tempo de "levantar os nossos mortos", de reler o período de que o país esteve mergulhado no regime opressor da ditadura – percebemos que o romance nos dá a pista dos trabalhadores rurais, a ser tema fundamental de *Levantado do Chão*. Também de trabalhadores tratará a narrativa de *Memorial do Convento*, no qual a ficção resgatará do anonimato os verdadeiros construtores do Convento de Mafra, e surpreendentemente já marca "o encontro com o holandês voador" (*MPC*, p. 48).

A *viagem* é outro tema recorrente neste conjunto ficcional. Vimos no *Manual* um narrador que viaja por páginas em branco, deixando pelo caminho percorrido a escrita de suas reflexões, a escrita de um caminho de um aprendizado. É ele mesmo quem atribui – como vimos – ao processo da escrita o sentido de um espaço percorrido: "todo o caminho andado nestas páginas" (*MPC*, p. 97), "após esta viagem de escrever tantas páginas" (*MPC*, p. 238). Nos próximos romances a viagem continua. São as personagens que caminham pela terra portuguesa: Domingos Mau-Tempo peregrinando com a família, as viagens de Antônio Mau-Tempo e a questão grave da emigração – em *Levantado do Chão* –; ou ainda o voo da passarola, a viagem da pedra de Pêro Pinheiro para a construção do Convento de Mafra, as andanças de Blimunda por Portugal à procura de Baltasar – no *Memorial do Convento* –; e também a viagem de Ricardo Reis do Brasil para Portugal e as caminhadas de um personagem pela velha Lisboa – em *O Ano da Morte de Ricardo Reis* e em *História do Cerco de Lisboa*; e, ainda, a viagem mítica da própria Península Ibérica provocada por uma fenda nos Pirineus – em *Jangada de Pedra*.

O que parece, entretanto, digno de nota é, de um lado, a preocupação com o tempo e, de outro, a sedução pela escrita, dois objetivos de fascínio da ficção de José Saramago que já estão embrionariamente presentes desde o *Manual de Pintura e Caligrafia*, razão pela qual acreditamos poder ver já nesse romance o alicerce da escrita saramaguiana. A única certeza que temos é de que a viagem da escrita não acaba nunca, e esse prolongamento infinito é a marca fundamental do *Manual*: pois, o fim duma narrativa – como de uma viagem[27] – é apenas o começo de outra.

Transcrição integral do capítulo 18 de *Manual de Pintura e Caligrafia*.

Carta de Adelina

Sei que não procedo bem dizendo por carta o que vou dizer-te. Pensei falar antes de vir para aqui, e não tive coragem. E desde há oito dias que digo a mim própria que falarei contigo quando regressar a Lisboa, mas também não terei coragem. Não que eu pense que terás desgosto. Não que eu sinta que me custaria mais do que sempre estas coisas custam. Ambos já tivemos muito, ou o suficiente para não haver grandes novidades, mas a verdade é que é difícil olhar para uma pessoa a quem quisemos, não importa por que razões, e dizer: "Agora já não te quero." É isto que tinha de dizer. Já não te quero. Podia limitar-me a estas palavras. Estão escritas e eu sinto-me muito aliviada. Ainda não pus a carta no correio, mas é como se já a tivesses recebido. Não vou voltar atrás, e por isso, se calhar, é que resolvi arrumar este assunto por escrito, por carta, de longe. Se estivesse ao pé de ti, talvez me acobardasse. Assim, tu ainda não sabes, mas eu já sei: acabámos a nossa

---

27 SARAMAGO, 1990, p. 257.

ligação. Surpreender-te-á esta decisão? Não creio. Desde há uns tempos, ou talvez desde sempre, vejo-te fugidio, reservado, recolhido em ti mesmo, como se estivesses no meio de um deserto. Não me queixo. Nunca me empurraste para fora da tua vida, mas, embora eu não seja muito inteligente, as mulheres pressentem e adivinham. Apertar-te nos braços e sentir que não estás lá, é uma coisa que suportei até certa altura. Não sou capaz de suportar mais. Peço-te que não fiquemos inimigos. Não precisamos de ficar amigos. Talvez eu ainda goste de ti, mas não vale a pena. Talvez ainda gostes de mim, mas não vale a pena. Não valer a pena, acho eu, é o pior de tudo. As pessoas podem amar e sofrer muito por isso, mas valer a pena. Essas devem conservar o amor que têm, mesmo tendo de continuar a sofrer mais. O nosso caso é diferente. Tivemos uma ligação como muitas, que acaba como merece. Sou eu que decido, mas sei também que desejarias acabar. Apesar de tudo, eu tenho pena. Todas as coisas podiam ser diferentes do que são se não lhes faltasse a diferença, aquela diferença das coisas, aquilo que as distingue muito. Percebo que já estou a escrever de mais. Adeus. Adelina.

P.S. – Acho que deves continuar a escrever. Desculpa. Não tenho o direito de dizer isto, uma vez que a tua vida já não me diz respeito. Mas a tua vida alguma vez me disse respeito?

(MPC, p. 187-8)

2. A ESCRITA SEDUTORA

Mas a nós, que não somos cavaleiros da fé nem super-homens, só resta, por assim dizer, trapacear com a língua. Essa trapaça salutar, essa esquiva, esse logro magnífico que permite ouvir a língua fora do poder, no esplendor permanente da linguagem, eu a chamo, quanto a mim: *literatura*. (grifo nosso)

ROLAND BARTHES

Nas transcrições de texto deste capítulo todos os grifos são nossos.

O século XIX foi um período de profundas transformações sociais, políticas e econômicas para o mundo e, muito particularmente, para a Europa. Nesse período há uma mudança radical na paisagem urbana: surgem as grandes zonas industriais com fábricas automatizadas, o crescimento das cidades é intenso e desordenado, quase sempre com sérios prejuízos para o ser humano; intensificam outros instrumentos de *media*, jornais diários, telégrafo, telefone. O homem recebe diariamente um número maior de informações, mas, paradoxalmente, sente-se incapaz de atingir o conhecimento total dada a rapidez dos acontecimentos.

Nesse cenário de profundas transformações, a obra literária assume uma nova postura, a de refletir sobre si mesma, introduzindo explicitamente no seu discurso "uma linguagem que contém a própria metalinguagem"[28]. O texto literário não só reconhece na linguagem a sua existência fenomenal, mas, acima disso, o que mais lhe seduz é a possibilidade de tratar no interior de seu próprio discurso questões antes abordadas exclusivamente pelo texto crítico. Segundo Linda Hutcheon: "O mundo moderno parece fascinado pela capacidade que os nossos sistemas humanos têm para se referir a si mesmos num processo incessante de reflexividade"[29].

Hoje a literatura rendeu-se completamente à sedução da escrita. Além de intensificar a prática reflexiva, ela incorpora conscientemente em seu discurso parte de outros textos anteriores ou contemporâneos ao seu. No entanto, não devemos esquecer de que sempre houve – em qualquer época da produção literária – sinais da presença de outros textos num determinado texto. Antoine Compagnon nos lembra de que Montaigne, no século XVI, já dizia que a escrita é glosa e entreglosa[30]. Dessa forma, Montaigne definia a própria condição da legibilidade literária: "o escritor nunca encontra palavras neutras, puras, mas somente 'palavras ocupa-

---

28 Perrone-Moisés, 1978, p. 11.
29 Hutcheon, 1989, p. 11-2.
30 Compagnon, 1979, p. 9.

das', palavras habitadas por outras vozes"[31]. Para Mikhail Bakhtin, ao definir o *dialogismo*, esta

> É a tendência natural de todo o discurso vivo. Em todos os seus caminhos para o objeto, em todas as direções, o discurso encontra-se com o discurso alheio e não pode deixar de entrar com ele numa viva interação plena de tensões.[32]

Seguindo este caminho, Julia Kristeva define a *intertextualidade* ao afirmar que todo texto é transformação de uma multiplicidade de outros textos; consequentemente, "fora da intertextualidade, a obra literária seria muito simplesmente incompreensível, tal como a palavra de uma língua desconhecida"[33]. Devemos considerar, também, os elementos extraliterários contemporâneos ao momento da escrita, como as linguagens orais. Um texto literário – como qualquer obra de arte – dialoga com o "mundo" que o envolve. Talvez seja essa capacidade de reconstrução ampla do mundo que possa definir mais precisamente a literatura contemporânea, isto é, mais que dialógica ela é pluridiscursiva, pois todo o tipo de discurso cabe no seu interior: o político, o bíblico, o histórico, o literário... Ela exercita o trabalho de recorte e colagem conscientemente e como um *puzzle* ou um *patchwork* se tece com fios de outros tecidos, citações, alusões ou paródias que necessariamente se constroem como exercício do diálogo textual. O que ela faz ao captar o mundo dinâmico que a envolve é dar "uma nova voz (ou um conjunto de vozes) que fará soar diferentemente as vozes anteriores, arrancando-lhes novas entonações"[34]. É interessante pensar com Saramago que com a sensibilidade do artista "tudo pode aparecer como novidade, a questão está só em saber manejar adequadamente as palavras que estejam antes e depois" (*HCL*, p. 13).

---

31 Montaigne, 1981.
32 Bakhtin, 1981.
33 Jenny, 1976.
34 Perrone-Moisés, 1978, p. 63.

O escritor lê, pois, os textos que precederam o seu e a sua obra é o resultado dessa leitura. O texto literário dialoga com outros textos, porque nada está terminado, mas em via de reconstrução, pois a obra de arte é aberta e, como tal, sujeita a novas interpretações. Nas últimas décadas, teóricos e escritores como Roland Barthes, Jorge Luis Borges e Michael Riffaterre foram unânimes em afirmar que a criação literária tem dois polos: o do escritor (codificador) e o do leitor (descodificador). Retomando Borges, diz Leyla Perrone-Moisés que "uma obra de arte nos obriga a uma releitura de todo o passado literário, onde passaremos a encontrar não as fontes daquele novo autor, mas obras que se tornam legíveis porque existe esse autor moderno"[35]. Nem sempre, é verdade, os vários textos superpostos são reconhecidos pelo leitor comum. É Affonso Romano de Sant'Anna quem nos lembra que "é preciso um repertório ou uma memória cultural e literária para decodificar os textos superpostos"[36]. Os autores contemporâneos estão tão imbuídos nessa superposição – nessa releitura crítica de um passado literário e cultural – que ao leitor caberá o trabalho criativo do desvelar as malhas do tecido: "a virgindade é inconcebível"[37], nos dirá Laurent Jenny, e é nesse sentido que a apreensão varia a cada leitura; mesmo porque essa superposição se dá em todos os níveis: um texto tanto pode dialogar com textos anteriores de outros autores, como também com textos de um mesmo autor – como acontece com a ficção de José Saramago.

Esta superposição de textos convida à releitura dos textos citados, quando se tratar de um leitor "especializado"; ou provoca a curiosidade nos leitores que o conhecem, mas que foram suficientemente sensíveis para captá-los dentro de determinado texto e, a partir daí, procurar o texto-origem. Assim procederá o leitor sensível – porém, não conhecedor de *Os Lusíadas* – ao ler a primeira e a última frase de *O Ano da Morte de Ricardo Reis*. Claro está que tudo isto se simplifica se a citação aparecer entre aspas ou com qualquer

---

35 *Idem*, 1990, p. 95.
36 SANT'ANNA, 1985, p. 26.
37 JENNY, 1976.

outro recurso gráfico, pois tais estratégias já indicam ao leitor que ele está diante de fragmentos de outros textos. O que não muda, nem com a ajuda das aspas, é o conhecimento prévio do leitor, que diante de uma citação literal perguntará: de onde vem?

Ao abordar o romance *Manual de Pintura e Caligrafia* vimos que o texto ficcional de José Saramago faz uma reflexão sobre a arte, em particular sobre a literatura; que estamos diante de questionamentos de uma obra marcada por preocupações de uma literatura que se volta para fora – no diálogo com a história e a cultura – e para si mesma, repensando no texto ficcional o seu próprio conceito de *intertextualidade*. É assim que o narrador nos diz:

> Estas coisas que escrevo, se alguma vez as li antes, estarei agora imitando-as, mas não é de propósito que o faço. Se nunca as li, estou-as inventando, e se pelo contrário li, então é porque as aprendera e tenho o direito de me servir delas como se minhas fossem e inventadas agora mesmo.
>
> (*MPC*, p. 129-30)

Tal procedimento autorreferencial continua presente nos romances subsequentes ao *Manual*. Entre os muitos exemplos significativos lembramos a atitude reflexiva do narrador de *Jangada de Pedra* sobre certos aspectos temporais na construção do texto.

> Dificílimo é o acto de escrever, responsabilidade das maiores, basta pensar no extenuante trabalho que será dispor por ordem temporal os acontecimentos, primeiro este, depois aquele, ou, se tal mais convém às necessidades do efeito, o sucesso de hoje posto antes do episódio de ontem, e outras não menos arriscadas acrobacias, o passado como se tivesse sido agora, o presente como um contínuo sem princípio nem fim, mas, por muito que se esforcem os autores, uma habilidade não podem cometer, pôr por escrito, no mesmo tempo, dois casos no mesmo tempo acontecidos.
>
> (*JP*, p. 12)

A autorreferencialidade está ainda mais explícita no romance *O Ano da Morte de Ricardo Reis*: basta o olharmos o próprio título e o nome das personagens para verificar a intenção dessa prática reflexiva que se vai aprofundando no decorrer da narrativa. Insistente, o romance para (re)pensar o caminho da escrita, o caminho da ficção iniciado com o *Manual*. *História do Cerco de Lisboa* é o romance que nos dá o amadurecimento desse processo. Nesses três romances, aliás, o fazer literário sobrepõe-se a outros temas: observamos no *Manual* a construção de uma biografia inventada, na qual o narrador traz para o seu texto toda a problemática da produção literária; em *O Ano da Morte de Ricardo Reis* estaremos novamente seguindo este caminho labiríntico da escrita, pois o narrador heterodiegético constrói seu texto jogando com outras ficções; em *História do Cerco de Lisboa* veremos o protagonista da narrativa no papel de um revisor que ousa construir e não simplesmente rever a História (Ficção) Oficial.

Voltemos a *O Ano da Morte de Ricardo Reis* para analisar, um pouco mais, algumas dessas características autorreflexivas. Encontramos Ricardo Reis assistindo a uma peça de teatro baseada no cotidiano de uma aldeia de pescadores. O autor deste texto cênico apropria-se do linguajar dos próprios pescadores para sugerir maior proximidade com o real. Este recurso é, no entanto, imediatamente questionado por Ricardo Reis, pois o real não é representável dessa forma. O texto literário lhe dá, tão somente, outra expressão, ou seja, a literatura não tem por objetivo copiar o real, mas dizê--lo a sua maneira, num contínuo exercício de linguagem; agindo em simulacro ela é realidade em si mesma. Foi chegando a essa conclusão sobre a arte que H., no *Manual*, deixa de pintar – ou, pelo menos, deixa de imitar o real – e procura outro caminho, a escrita. Em *O Ano da Morte de Ricardo Reis* a reflexão é similar.

> Ricardo Reis reflecte sobre o que viu e ouviu, acha que *o objeto da arte não é a imitação*, que foi fraqueza censurável do autor escrever a peça no linguajar nazareno, ou no que supôs

ser esse linguajar, esquecido de que *a realidade não suporta o seu reflexo, rejeita-o, só uma outra realidade,* qual seja, *pode ser colocada no lugar daquela que se quis expressar,* e, sendo diferentes entre si, mutuamente se mostram, explicam e enumeram, a realidade como invenção que foi, a invenção como realidade que será.

(RR, p. 109-10)

No capítulo seguinte a mesma questão é retomada por Ricardo Reis em conversa com Marcenda. São duas personagens de uma história a comentar outra, num jogo especular no qual a ficção reflete outras ficções, numa construção sucessiva de textos. Como sabemos Ricardo Reis e Lídia são nomes presentes na obra de Fernando Pessoa, que Saramago trouxe para integrar sua história, num diálogo constante em que enunciado e enunciação se cruzam na construção do texto.

Marcenda perguntou se Ricardo Reis gostara da peça, ele respondeu que sim, ainda que lhe parecesse que havia muito de artificial naquela naturalidade representação, procurou explicar melhor, Na minha opinião, *a representação nunca deve ser natural, o que se passa num palco é teatro, não é a vida, não é Vida, a vida não é representável, até o que parece ser o mais fiel reflexo, o espelho, torna o direito esquerdo e o esquerdo direito.*

(RR, p. 125-6)

Não satisfeito apenas em questionar o fazer literário, o autor mergulha no interior da própria língua, transformando-a na sua mais expressiva personagem: ela "é veículo da narração, mas também narra-se a si própria"[38], afirma Horácio Costa. Estamos, portanto, diante de um escritor que seduz e é seduzido pela linguagem:

---

38 Costa, 1990, p. 176.

Os poetas são sedutores porque foram vítimas de uma sedução primeira, exercida pela linguagem. Corrompidos por essa capacidade sedutora da língua materna, os poetas se tornam cúmplices para seduzir terceiros.[39]

O narrador em *O Ano da Morte de Ricardo Reis* confessa sua sedução pela linguagem por meio de um ludismo verbal sempre presente nos textos de José Saramago, ludismo reavaliador dos processos de construção da linguagem. É assim que as formas congeladas das expressões do discurso cotidiano passam por uma análise desconstrutora. Desses exemplos indicamos alguns:

> Bebia de mais, levantava-se da mesa a cair, repara-se na curiosa expressão, levantar-se da mesa a cair, por isso é fascinante a linguagem, parece uma insuperável contradição, ninguém, ao mesmo tempo, se levanta e cai [...]
>
> (*RR*, p. 273)

> [...] no dia seguinte, pela manhã, hão-de ir os filhos a Montemor, ou a Monte Lavre virá a guarda buscá-los pelas orelhas e a pontapé no rabo, são desmandos da linguagem.
>
> (*LC*, p. 104)

> O que vale é que sendo as falas muitas, muitas são as vozes, e do ajuntamento levanta-se uma, não é simples modo de dizer, é verdade, há vozes que se põem de pé [...]
>
> (*LC*, p. 333-4)

---

39 Perrone-Moisés, 1990, p. 14.

O diálogo com a literatura

"Todos os caminhos portugueses vão dar a Camões"

> O fato é que cada escritor *cria* seus precursores. Seu trabalho modifica nossa concepção do passado, como há de modificar o futuro.
>
> Jorge Luis Borges

O texto ficcional português contemporâneo questiona o que é ser português no final do século XX, após tantos "traumatismos". Já não mais existe um grande império. Com o fim na guerra na África perderam-se as últimas colônias e de repente Portugal viu-se "reduzido à estreita faixa atlântica"[40] que até então não fora suficiente para este "país de marinheiros", mas que agora é todo o território que tem. Era necessário, pois, reconquistar a terra.

> Chegou a hora de fugir para dentro de casa, de nos barricarmos dentro dela, de construir com constância *o país habitável de todos*, sem o esperar de um eterno *lá-fora* ou *lá-longe* a solução que como num apólogo célebre está enterrada no nosso exíguo quintal.[41]

Como fazendo eco a este pensamento de Eduardo Lourenço, o texto ficcional engaja-se no processo de recuperar a verdadeira face da nação. A Revolução dos Cravos em 1974, ao contrário do que se esperava, não cumpriu todas as utopias para que se vislumbrasse de forma íntegra a imagem da nação sem o grande império. A grande conquista cultural de alterar um projeto de séculos seria mais lenta e a literatura tinha, aí, o seu lugar.

---

40 Lourenço, 1988, p. 45.
41 *Ibidem*, p. 47.

Encontramos José Saramago inserido nessa luta, redescobrindo e reconstruindo, por intermédio da escrita, a sua imagem de Portugal, pois, como escritor que é, investe nessa "autognose coletiva".

Inúmeras vezes a reconstrução da realidade leva o escritor a um tempo bem distante do seu, não só pelo caráter intertextual da escrita – na qual há toda uma herança literária e cultural a ser considerada –, como também pelo processo de releitura consciente do fato histórico. O texto ficcional de José Saramago dialoga, então, com o texto camoniano, conjugando esses dois aspectos: a escrita e a história. E assim fará com o texto de outros escritores que o precederam: Vieira, Garrett, Camilo, Eça, Pessoa entre outros. Esses escritores, por sua vez, também dialogaram com o texto camoniano, não apenas por terem vivido em épocas posteriores, mas, sobretudo, por ser impossível para o escritor português não relembrar Camões. Eduardo Lourenço nos diz que "à imagem ideal e 'imortal' da pátria portuguesa, Camões estará sempre, o sempre da nossa perenidade histórica e linguística, ligado"[42].

> Referimo-nos, naturalmente, aos poetas portugueses, no sentido mais largo do termo, aos criadores da cultura vivificante do País, aos homens da pena-espada em cuja imaginação prossegue o diálogo mais fundo com o mistério de seu tempo, que nem por não ser o de Camões, a não menor empresa de lucidez, justiça e amor os obriga.[43]

Nem poderia ser de outra maneira, pois *Os Lusíadas* representam o texto fundador da consciência nacional[44], um poema épico no qual o sentimento pátrio definitivamente estrutura-se[45], permanecendo ao longo de todo esse tempo como espelho para onde convergem todos os olhares e de onde nascem diferentes maneiras de escrever essa imagem de Portugal.

---

42 *Ibidem*, p. 121.
43 *Ibidem*, p. 159-60.
44 *Ibidem*, p. 160.
45 *Ibidem*, p. 149.

O romance *O Ano da Morte de Ricardo Reis* reafirma por meio do discurso da personagem-título a importância de Camões, quando esta personagem passando pelo Chiado diz: "o que me salva é conservar o tino da estátua de Camões, a partir daí consigo orientar-me" (*RR*, p. 358); ou então quando esta mesma personagem aluga uma casa no Alto de Santa Catarina de onde podia ver, sempre que fosse à janela, a estátua do gigante Adamastor – mito criado por Camões presente em *Os Lusíadas*. Para um leitor desatento a afirmação de Ricardo Reis sobre a estátua de Camões talvez não passe de uma mera referência a um local da cidade; no entanto, ela tem um caráter polivalente: além da referência espacial, acima de tudo Camões é, para a personagem, uma referência cultural; é o legado deixado por Camões que pode, verdadeiramente, orientar esta personagem na Lisboa de 1936, como, também, o escritor José Saramago no final do século XX. De maneira sensível e precisa, Teresa Cristina Cerdeira da Silva define essa influência camoniana na literatura portuguesa ao dizer que: "Camões norteia caminhadas que o leem e que o atraem. Mas é o leme de um braço à deriva que é a terra portuguesa, onde ninguém consegue ignorá-lo e, mesmo para negá-lo, deve passar por ele[46]".

De fato "todos os caminhos vão dar a Camões" (*RR*, p. 180), principalmente os da ficção. Ratificando essa tendência quase natural da literatura portuguesa, o narrador do romance *O Ano da Morte de Ricardo Reis* explicita o diálogo com o texto camoniano, apresentando como primeira e última frases da narração um verso parodiado de *Os Lusíadas*: o romance começa e termina com Camões. Contudo a recriação do texto original não se reduz apenas ao diálogo entre textos. Ao referir o texto camoniano com essas duas frases, o narrador de *O Ano da Morte de Ricardo Reis* chama a atenção do leitor para os dois momentos históricos envolvidos: o antes e o depois de um grande império. Em *Os Lusíadas* encontramos o verso: "Onde a terra se acaba e o mar começa"[47], justificável no Portugal quinhentista quando havia um grande império

---

46 Silva, 1989, p. 181.
47 *Os Lusíadas*. Canto III. 20ª estrofe.

e ainda o desejo de ampliá-lo cada vez mais através das grandes navegações. Já no romance a primeira frase – "Aqui o mar acaba e a terra principia" (*RR*, p. 11) – marca outro tempo: Portugal é agora o *país do regresso* não havendo mais Índias a conquistar; e a última frase – "Aqui, onde o mar se acabou e a terra espera" (*RR*, p. 415) – amplia a ideia expressa na primeira: não basta regressar, é necessário ir ao encontro da terra que há muito tempo espera seu tempo de construção.

Em *Levantado do Chão* esta terra será o Alentejo. É por ela que a escrita saramaguiana navegará, percorrendo outro "mar imenso", o latifúndio. Ao contrário da epopeia camoniana – que narra a viagem de Vasco da Gama às Índias, desbravando os mares – esta "epopeia campesina"[48] troca o mar e os oceanos pelo "mar" do latifúndio, pois "navegar é preciso" ainda, mas de outra maneira. Por isso o narrador, neste romance, apresenta a seguinte definição: "o latifúndio é um mar interior" (*LC*, p. 319 e 358). É através das terras do latifúndio que será construída esta nova epopeia. Nesta outra grande viagem o narrador acompanhará a trajetória dos camponeses do Alentejo ao longo do século XX, seguindo particularmente a "minúscula barca" da família Mau-Tempo. Ao longo deste caminho, o narrador utilizará em seu discurso vocábulos próprios do campo semântico das navegações. E, mais do que isso, significantes que nos levam diretamente a *Os Lusíadas* estabelecendo um evidente diálogo com a obra quinhentista.

> Grande *nau*, grande *tormenta*. Em terra é diferente. *Minúscula é a barca* desta família Mau-Tempo, chato o seu fundo, e só por acaso e necessidade da história ainda não *naufragaram* todos quantos. Dava porém o *batel* seguros indícios de despedaçar-se em próximo recife ou esvaziamento do paiol, quando aconteceu enviuvar Joaquim Carranca, o irmão de Sara.
>
> (*LC*, p. 57-8)

---

48 SILVA, 1989, p. 193.

No primeiro capítulo de *Levantado do Chão* o narrador apresenta-nos – tal como a proposição numa epopeia clássica – um resumo da narração a ser desenvolvida nos demais capítulos. Aqui, particularmente, o texto nos lembra ainda o livro do *Gênesis*, no qual é narrada a criação do mundo. Nesta "epopeia campesina" o mundo é toda a paisagem do latifúndio e os que nele trabalham, crescem e se multiplicam. No final deste capítulo, o narrador adverte o leitor dizendo-lhe que "tudo isto pode ser contado doutra maneira" (*LC*, p. 14). Na verdade, é essa *outra maneira de contar* que de fato importa; muitos já escreveram sobre o Alentejo e, no entanto, nenhum texto é igual ao outro; sempre ficará algo por dizer: sabemos que "todos os dias têm a sua história, um só minuto levaria anos a contar" (*LC*, p. 59); sempre haverá também uma maneira diferente de dizer o que já fora dito um dia[49]. Assim entendemos que este início da narração de *Levantado do Chão* define-se "como um lugar estratégico de sentidos a desenvolver"[50], como acontecerá com maior ou menor evidência nos outros textos ficcionais de José Saramago.

Ainda nos aspectos estruturais de uma epopeia, cabe-nos ressaltar a questão do narrador. A exemplo do que acontece em *Os Lusíadas*, encontramos em *Levantado do Chão* variados narradores na esteira da tradição épica. Em *Levantado do Chão* há um narrador principal, que, efetivamente, conduz todo o processo narrativo, intrometendo-se sempre que deseja no discurso da personagem ou na ordem da narração – antecipando fatos futuros por meio de prolepse interna, a exemplo do que ocorre em *Os Lusíadas* nos discursos proféticos como o do Adamastor:

> Domingos Mau-Tempo não chegará a velho. Um dia, quando já tiver feito cinco filhos à mulher, [...], passará uma corda pelo ramo duma

---

49 Como nos diz o narrador de *História do Cerco de Lisboa*: "tudo pode aparecer como novidade, a questão está só em saber manejar adequadamente as palavras que estejam antes e depois" (*HCL*, p. 13) – Citado anteriormente.
50 Reis & Lopes, 1987, p. 337.

árvore, [...], e enforcar-se-á. [...]. Fim desgraçado lhe futurara o so-
gro Laureano Carranca quando teve de ceder à teimosia de Sara [...]

(*LC*, p. 23)

ou retomando, por analepse, o passado:

Já de vontade não fora aquela outra rapariga, quase quinhentos
anos antes, que estando um dia sozinha na fonte a encher sua in-
fusa, viu chegar-se um daqueles estrangeiros que viera com Lamberto Horques Alemão, alcaide-mor de Monte Lavre por mercê do
rei Dom João o primeiro [...]

(*LC*, p. 24)

Mas pode ainda dialogar com o leitor:

[...] Quase a chegarmos, e logo veio esta chuva, foram palavras
de zanga mansa, lançadas com desprazer mas sem esperança,
não será por me enfadar a mim que a chuva irá parar, *é um dito
do narrador*, que bem se dispensava.

(*LC*, p. 18)

Distinga-se o que é *reflexão do narrador* e o que é pensamento
de João Mau-Tempo, mas vote-se que tudo seja uma mesma certeza, e se houver erros, partilhados sejam.

(*LC*, p. 244)

Os outros narradores são secundários e aparecem como personagens, sendo introduzidos na narração pelo narrador-autor, que lhes
dá eventualmente *voz*. Em *Levantado do Chão* dois narradores secundários se destacam, são eles: António Mau-Tempo e Sigismundo
Canastro. António Mau-Tempo é o grande contador de histórias, seu
discurso é revolucionário, pois rompe com o discurso da ideologia
imposta pelo poder – Latifúndio, Estado e Igreja –, abrindo os olhos
a quem ouve as suas histórias de caça ou as do anarquista José

Gato, como também o relato da revolta do quartel, quando, sob sua orientação, todos os soldados recusaram-se a comer a comida que até os porcos rejeitariam: "e eu, António Mau-Tempo que vos falo, fui o da ideia e nisso tenho muita honra" (*LC, p.* 226).

Falamos ainda da referência a *Os Lusíadas* e não só, pois Ourique é o nome de um coveiro em *Levantado do Chão*, e certamente o pretexto do autor para uma interferência intertextual ao *Hamlet* de Shakespeare[51]. Do crânio de Yorick ao coveiro Ourique a literatura cuida da transmissão da leitura na escrita.

> [...] Obrigado, senhor Ourique, o senhor é coveiro e homem sério, se calhar por tanto gostar de seu filho, diga-me de quem é esse crânio que tens nas mãos, será do filho do rei, Isso não sei eu, que já não é do meu tempo [...]
>
> (*LC*, p. 178)

No entanto, mais que uma referência intertextual, o autor deliberadamente aproxima uma palavra de outra – Ourique de Yorick – por deslizamento semântico. Na história de Portugal Ourique é o nome de uma batalha, na qual o rei Afonso Henriques venceu os cinco reis mouros, com a ajuda divina. O milagre de Ourique constituiu, para a cultura portuguesa, uma das provas qualificantes dos "barões assinalados". Em *Levantado do Chão* fala-se ainda de batalhas na qual o divino parece estar *a priori* do lado do poder. Essa luta já não se faz mais entretanto entre portugueses e mouros; nesta "epopeia campesina" as batalhas acontecem nas terras do latifúndio, onde "se morre e nasce como em épocas mais assinaladas" (*LC*, p. 125). Não nos escapa a alusão a *Os Lusíadas*, mas agora a luta se faz pelo direito que os camponeses têm de receber quarenta escudos, pelas oito horas de trabalho ou pela liberdade de comemorarem o primeiro de maio. Tudo isso porque "vão-se acabando os tempos da conformação" (*LC*, p. 328).

---

51 Esta referência ao Hamlet de Shakespeare já apareceu no *Manual de Pintura e Caligrafia*.

Levantado do Chão é um romance que traça o percurso de um aprendizado. Ao longo da narrativa os camponeses, que viviam calados e oprimidos, ganham voz. Foram aprendendo por meio de muito sacrifício que, juntos, tinham força para definitivamente *levantarem-se* do chão: "O que vale é que sendo as falas muitas, muitas são as vozes, e do ajuntamento *levanta-se* uma, não é simples modo de dizer, é verdade, há vozes que se põem de pé [...]".

O próprio narrador os compara à seara na época da colheita: "este trigo, qualquer pessoa o vê, está maduro, os homens também" (*LC*, p. 138). Por isso ainda na mesma reunião de camponeses onde vimos *levantar-se* uma voz, outra "mais alta se alevanta" para dizer a todos que "não somos homens se desta vez não nos *levantarmos* do chão (*LC*, p. 336), e "quando esta voz se calou, *levantaram-se* os homens todos" (*LC*, p. 336). Os camponeses tinham feito a mais que necessária insurreição no mar interior do latifúndio.

Como podemos perceber, pelas últimas citações, o verbo levantar-se aparece insistentemente em *Levantado do Chão*. Temos o primeiro exemplo no próprio título; outro também bastante visível aos olhos do leitor encontra-se na frase que encerra o romance – "neste dia *levantado* e principal" (*LC*, p. 366). Mas muitos outros exemplos aparecem ao longo da narração:

> Responde a mulher, Não penses mais nisso, e *levanta-te*, que são horas.
>
> (*LC*, p. 101)

> *Levanta-te* dali os corpos ou enterram-se no lugar onde caíram, varre-se o latifúndio e fica a terra pronta para nova batalha.
>
> (*LC*, p. 116)

> Estão duas sentinelas à porta, a guarda está toda em pé de guerra, *levantai* hoje de novo o esplendor de Portugal [...]
>
> (*LC*, p. 168)

Caiu o homem e logo os outros o *levantaram* de empuxão [...]

(*LC*, p. 169-70)

[...] a formiga grande, que calhou estar na sua sétima viagem e vai agora a passar, *levanta* a cabeça e olha a grande nuvem que tem diante dos olhos [...]

(*LC*, p. 173)

Escarro e Escarrilho *levantam* Germano Santos Vidigal põe baixo dos braços, erguem-no em peso [...]

(*LC*, p. 174)

[...] evite as formigas, sobretudo aquelas que *levantam* a cabeça como os cães, é bicho de muita observação [...]

(*LC*, p. 177)

[...] enquanto as formigas, como os cães *levantando* a cabeça, avançam protegidas por máscaras de gás, pois ali é também o seu lugar de viver.

(*LC*, p. 193)

[...] Sigismundo, *levanta-te*.

(*LC*, p. 203)

Se olhássemos para o chão, veríamos o pessoal rasteiro dos insectos, a formiga que *levanta* a cabeça como os cães [...]

(*LC*, p. 233)

[...] e o orgulho é um pecado mortal, o pior de todos senhora dona Clemência, porque é ele que *levanta* o homem contra seu patrão e o seu deus.

(*LC*, p. 243)

Gracinda Mau-Tempo *levanta* do chão a filha que tem três anos [...]

(*LC*, p. 308)

[...] e aquele é o sargento, que tem ele na mão, é uma metra-lhadora, pensou também Gracinda Mau-Tempo, e *levantando* os olhos viu o castelo cheio de gente, quem será.

(*LC*, p. 312)

[...] e a guarda ficou a guardar as formigas que andavam na sua vida e admiradas *levantavam* a cabeça como cães.

(*LC*, p. 331)

[...] Maria Adelaide não é menos do que os outros, está de nariz *levantado*, curiosa, parece uma lebre que cheirou jornal, diria seu tio António Mau-Tempo [...]

(*LC*, p. 350)

[...] um dia destes calamo-nos e mordemos, como fazem as for-migas de cabeça vermelha, aprendamos com elas, são estas que *levantam* a cabeça como cães [...]

(*LC*, p. 360)

Em *Os Lusíadas* esta forte incidência do verbo *levantar* ou *alevantar* – as duas formas são encontradas – também ocorre inúmeras vezes pelos diversos cantos. No *Índice Analítico do Vocabulário de Os Lusíadas* de Antônio Geraldo da Cunha[52], encontraremos, com precisão, o levantamento dessas formas verbais. A forma *alevantar* aparece trinta vezes ao longo da epopeia, e a forma *levantar*, dezoito vezes. Já no Canto I, ainda na proposição, este verbo surge pela primeira vez:

---

52 CUNHA, 1966.
Alevantar – Vol. II, p. 30-1
I.3, I.26, I.37, I.83, II.25, II.26, II.65, II.91, III.3, III.16, III.38, III.63, III.86, III.89, III.108, III.123, III.125, IV.2, IV.3, IV.7, IV.18, IV.32, IV. 93, IV.94, V.78, VIII.7, X.5, X.39, X.136.
Levantar – Vol. III, p. 20
I.35, I.36, I.89, III.14, III.36, III.46, III.48, V.19, V.60, V.72, VI.44, VIII.14, IX.63, X.67, X.70, X.146, X.149.

Que outro valor mais alto se *alevanta*.

(I, 3)

De antre os deuses em pé se *levantada*

(I, 36)

A viseira do elmo de diamante
Alevantando um pouco, mui seguro,

(I. 37)

Joane, sempre ilustre, *alevantado*
Por Rei, como de Pedro único herdeiro
(Ainda que bastardo) verdadeiro.

(IV, 2)

Outro está aqui que, contra a pátria irosa,
Degradado, conosco se *alevanta*.
Escolheu bem com quem se *alevantasse*
Pera que eternamente se ilustrasse.

(VIII, 7)

Aqui a fugace lebre se *levanta*
Da espessa mata, ou tímida gazela;

(IX, 63)

Os mais experimentados *levantai-vos*
Se com a experiência tem bondade

(X, 149)

Se em *Levantado do Chão* vimos os camponeses do Alentejo *levanta-rem-se* do chão, no romance *Memorial do Convento* uma nova epopeia será construída pela escrita saramaguiana, e, assim, estaremos diante de todos os trabalhadores portugueses – camponeses ou não – que foram obrigados a trabalhar para que se cumprisse o sonho de um rei, *levantando* em Mafra um convento franciscano. Não será por acaso que no meio desses trabalhadores estará Julião Mau-Tempo, representando o Alentejo, nos idos de 1730. Nesse romance veremos, também, *levantar-se* do chão a passarola idealizada pelo padre Bartolomeu Lourenço e construída pelas "mãos" de Baltasar e pelos olhos de Blimunda.

Em *Memorial do Convento* passa de cem o número de vezes que encontramos o *verbo levantar* em meio ao discurso do narrador e das personagens e tal fato não é sem sinal já que o romance estrutura-se, também, em torno da ideia do *levantar-se do chão*: estão, aí, o convento de Mafra, a pedra de Pêro Pinheiro, a passarola do padre Bartolomeu Lourenço a nos provar tal afirmação.

Vejamos, então, alguns exemplos selecionados em meio aos muitos que existem:

Quase tão grande como Deus é a basílica de S. Pedro de Roma que el-rei está a *levantar*.

(*MC*, 1 p. 2)

Perguntou el-rei, é verdade o que acaba de dizer-me sua eminência, que se eu prometer *levantar* um convento em Mafra terei filhos [...]

(*MC*, p. 14)

Não dormiu ele, ela não dormiu. Amanheceu, e não se *levantaram*, [...], e enfim *levanta-se* Blimunda, descidas as pálpebras, faz Baltasar a sua segunda refeição, ela para ver não come [...]

(*MC*, p. 79)

Levantemos agora os nossos próprios olhos, que é tempo de ver o infante D. Francisco [...]

(*MC*, p. 81)

El-rei foi a Mafra escolher o sítio onde há-de ser *levantado* o convento.

(*MC*, p. 86)

[...] Para que a máquina se *levante* ao ar, é preciso que o sol atraia o âmbar [...]

(*MC*, p. 92)

[...] A passarola, que parecia um castelo a *levantar-se*, é agora uma torre em ruínas [...]

(*MC*, p. 95)

[...] estes ficam aqui a *levantar* paredes, nós vamos a tecer vimes, arames e ferros, e também a recolher vontades, para que com tudo junto nos *levantemos*, que os homens são anjos nascidos sem asas, é o que há de mais bonito, nascer sem asas e fazê-las crescer [...]

(*MC*, p. 137)

Ao fim de uma hora *levantou-se* Scarlatti do cravo, cobriu-o com um pano de vela, e depois disse para Baltasar e Blimunda, que tinham interrompido o trabalho, Se a passarola do padre Bartolomeu de Gusmão chegar a voar um dia, gostaria de ir nela e tocar no céu [...]

(*MC*, p. 177-8)

[...] quem sabe que perigos os esperam, que adamastores, que fogos de santelmo, acaso se *levantam* do mar [...]

(*MC*, p. 200)

[...] que bom seria *levantar-se* a passarola uma vez mais que fosse [...]

(*MC*, p. 268)

Parecia impossível que tantos anos de trabalho, treze, fizessem tão pouco vulto, uma igreja inacabada, um convento que, em duas alas, está *levantado* até ao segundo andar [...]

(*MC*, p. 328)

[...] el-rei D. João V faz quarenta e um anos e vê sagrar o mais prodigioso dos monumentos que em Portugal se *levantaram*, ainda por acabar, é verdade, mas pela catadura se conhece o catacego.

(*MC*, p. 350)

Por último, deixamos a única citação na qual aparecerá a forma *alevantar* no *Memorial do Convento*.

Trazem agora umas figuras de barro pintadas, de maior tamanho que o natural de homens citando de braços *levantados*, e põem-nas no meio do terreiro, que número será este, pergunta quem nunca viu, [...], e neste instante saem do curro dois touros que, pasmados, dão com a praça deserta, só aqueles manipansos de braços *alevantados* e sem pernas [...]

(*MC*, p. 98-9)

Era tempo de construir conventos e D. João V desejava que o *seu* fosse tão grandioso quanto a basílica de São Pedro em Roma. Para concretizar sua vontade não mede recursos; gasta-se o dinheiro indiscriminadamente, sem nenhum controle. Na construção do Convento de Mafra chegou-se ao absurdo de se colocarem ao mesmo tempo 52 mil homens – praticamente todos os homens disponíveis no país – envolvidos nessa tarefa, sem dar-lhes o direito sequer de se negarem a tal empreitada. O texto ficcional registra que esses homens iam "ligados pelos tornozelos, como galés ou escravos" (*MC*, p. 292), pois é esta a condição que o trabalho sem liberdade e sem a justa remuneração impõe aos que sob esse regime trabalham. São milhares de trabalhadores anônimos que executam a obra. A escrita ficcional resgata essas pessoas do anonimato, dando-lhes um nome; sendo impossível escrevê-los um a um pelo elevado número e pela impossibilidade de conhecê-los hoje todos, a ficção opta por uma estratégia que resgata "uma letra de cada um para todos ficarem representados" (*MC*, p. 242):

Alcino, Brás, Cristóvão, Daniel, Egas, Firmino, Geraldo, Horácio, Isidro, Juvino, Luis, Marcolino, Nicanor, Onofre, Paulo, Quitério, Rufino, Sebastião, Tadeu, Ubaldo, Valério, Xavier, Zacarias [...]

(*MC*, p. 242)

Ao longo da árdua caminhada da pedra que constituiria a laje da varanda, trazida pelos homens de Pêro Pinheiro a Mafra, muitas vidas naufragaram, algumas esmagadas pela própria "nau das Índias" que sustentava a imensa pedra. Nesse percurso os homens e os animais só descansavam quando a noite chegava e para os sobreviventes de mais um dia de caminhada era hora de ouvirem, então, as histórias de Manuel Milho, antes que ao sono se rendessem. O gosto de contar histórias e sua relação com o sono e a morte tem em Sherazade, mas também em Fernão Veloso – *Os Lusíadas*, Canto IV – o seu modelo. No texto camoniano as histórias deviam manter alertas os navegantes que vigiavam. No *Memorial do Convento*, ficam alertas os homens pelo gozo da própria história, até que o sono os invada: história de prazer, sem outra função que o deleite próprio.

O discurso do *Memorial do Convento*, além dessas alusões temáticas à epopeia camoniana, apresenta em seu corpo textual versos inteiros de *Os Lusíadas* transcritos em meio ao discurso saramaguiano.

O episódio da praia do Restelo, narrado em *Os Lusíadas*, faz-se sentir, nesta outra epopeia, na voz de mulheres portuguesas que veem os seus maridos e filhos serem convocados para uma tarefa sem a glória dos navegantes, pois nesse século XVIII só havia a infelicidade de os verem transformados em pedreiros-escravos na construção do Convento de Mafra. Nem mesmo o sacrifício de terem-se sujeitado aos quadrilheiros lhes valeu "para não perderem os seus maridos". Por isso seus gritos de dor são mais fortes que o das mulheres da praia do Restelo.

[...] Maldito sejas até a quinta geração, de lepra se te cubra o corpo todo, puta vejas a tua mãe, puta a tua mulher, puta a tua filha, empalado sejas do cu até a boca, maldito, maldito, maldito.

(*MC*, p. 293)

"Maldito" que evoca em *Os Lusíadas* a ira expressa na voz do Velho do Restelo (IV, 102):

> Oh! Maldito o primeiro que, no mundo,
> Nas ondas vela pôs em seco lenho!
> Digno da eterna pena do Profundo,
> Se é justa a justa Lei que sigo e tenho!

Vendo, enfim, que nada mais podia ser feito, acompanham até fora da vila os seus maridos e filhos, e pelo caminho vão clamando

> [...] Ó doce e amado esposo, e outra protestando,
> Ó filho, a quem eu tinha só para refrigério e
> Doce amparo desta cansada já velhice minha [...]
>
> (*MC*, p. 2.923)

Nestes clamores estão presentes outras duas estrofes do Canto IV de *Os Lusíadas*: a 91 e a 90 respectivamente.

Ouvindo estes clamores "uma grande voz *se levanta*, é um labrego de tanta idade já que o não quiseram" (*MC*, p. 293) gritando, agora, as mesmas palavras do Velho do Restelo (IV, 95): "Ó glória de mandar, ó vã cobiça", e a estas o narrador ousadamente acrescenta o seu próprio verso decassílabo[53]: "Ó rei infame, Ó pátria sem justiça" (*MC*, p. 293).

Diz a tradição religiosa que "a sagração das basílicas se deve fazer aos domingos". Então o rei, numa atitude arbitrária e extremamente egocêntrica, "mandou apurar quando cairia o dia de seu aniversário, vinte e dois de outubro, a um domingo" (*MC*, p. 289). Quando os secretários chegaram com a resposta de "que tal coincidência se daria daí a dois anos, em mil setecentos e trinta" (*MC*, p. 289), o rei diz imediatamente: "[...] Então é nesse dia que se fará a sagração da basílica de Mafra, assim o quero, ordeno e determino [...]" (*MC*, 289).

---

53 Silva, 1992, p. 27.

De modo irônico o narrador acrescenta a essa afirmação absurda de um rei que abusa do poder um outro verso de *Os Lusíadas* presente no Canto I – ainda na dedicatória –: "vós me direis qual é mais excelente, *se ser do mundo rei, se desta gente*". Aqui já não vemos a glória de ser português que havia no passado, pois em nenhum momento este rei sente orgulho por governar "esta gente" e o tom do narrador em nada é laudatório. A construção do Convento de Mafra serviu para alimentar os desejos egocêntricos de um rei, massacrando quem verdadeiramente trabalhou na edificação deste "monumento".

A construção da passarola do padre Bartolomeu Lourenço, no entanto, liberta e realiza quem nela trabalha, porque as pessoas que estão envolvidas nesta outra obra concretizam um sonho de liberdade. Tudo começou durante um auto de fé, no qual Blimunda, Baltasar e o padre Bartolomeu Lourenço se encontraram. A partir daí essas três pessoas se dedicam à construção da passarola, inventada pelo padre, na esperança de vê-la voar, e de nesta "barca voadora" voarem também. Para tanto, Baltasar trabalhou duro. A sua mão esquerda não lhe fez falta, pois certas tarefas "um gancho faz melhor que a mão completa, um gancho não sente dores se tiver de segurar um arame ou um ferro, nem se corta, nem se queima (*MC*, p. 68). Além disso, Blimunda estava sempre a seu lado, ajudando-o na construção da passarola, ora tecendo vimes, ora cosendo velas. Era esta mulher responsável também pelo recolhimento das vontades, o combustível que faria voar a passarola. Sem ela o voo desta "nau" seria impossível. Durante este voo, veremos, no discurso do padre Bartolomeu Lourenço, uma referência literal às grandes navegações portuguesas: "quem diria que tão facilmente se poderia ser piloto nos ares, *já podemos ir à procura das novas Índias*" (*MC*, p. 197). E no discurso do narrador aparecerão referências literais ao texto camoniano:

> [...] quem sabe que perigos os esperam, que *adamastores*, que *fogos de santelmo*, acaso se *levantam* do mar, que ao longe se vê, trombas de água que vão sugar os ares e o tornam a dar salgado.
>
> (*MC*, p. 200)

Na frente deles ergue-se um vulto escuro, será o *Adamastor* desta viagem, montes que se erguem redondos da terra, ainda riscados de luz vermelha na cumeada.

(*MC*, p. 202)

Nos discursos de *Levantado do Chão*, *Memorial do Convento* e *O Ano da Morte de Ricardo Reis* presenciamos as várias viagens feitas pela ficção em diversos momentos da História de Portugal, textos que o autor revê criticamente o passado, desmistificando fatos e heróis que a História Oficial impôs ao longo dos séculos e que o povo ingênuo perpetuou sem nunca ter se sentido parte dessa história. Numa etapa posterior, assistimos em *Jangada de Pedra* à viagem mítica pelas águas do Atlântico que fazem os habitantes da Península Ibérica. Dessa vez este povo marinheiro não está a bordo de uma nau que o levaria pelo mar a fora; agora é a própria terra que navega, uma enorme jangada de pedra à procura de um novo lugar para fixar-se, pois este povo é ibérico, mas não se sente europeu. Assim o texto ficcional questiona criticamente o que Portugal e Espanha representariam dentro de uma futura Europa unificada; e até que ponto estaria prejudicada a procura da verdadeira identidade nacional com esta unificação.

Esta epopeia da jangada de pedra, que se inicia por uma fenda nos Pirineus, separando definitivamente a Península Ibérica da Europa, tem como heróis cinco personagens extraordinários. Ao longo da narrativa, e simultaneamente à navegação da Península Ibérica, eles empreendem sucessivas viagens, atraídos pelo desejo de partilharem o fenômeno incomum acontecido a cada um deles. Aliás, nesta epopeia várias viagens se realizam ao mesmo tempo, pois "nenhuma viagem é ela só, cada viagem contém uma pluralidade de viagens" (*JP*, p. 240), nos afirma o narrador. A viagem desta grande jangada de pedra pelo Atlântico incita outras tantas viagens.

Num primeiro momento, temos a ida de técnicos, autoridades e demais curiosos aos Pirineus para verificarem *in loco* o que acontecera às águas do rio Irati. Verificou-se com o trabalho ininterrupto dos técnicos que uma fenda se havia estendido por toda a cordilheira pirenaica, separando efetivamente as terras ibéricas de Navarra, Aragão e Catalunha da França ou, em outras palavras, da Europa.

> *Não podia a força humana* nada a favor duma cordilheira que se abria como uma romã, sem dor aparente, e apenas, quem somos nós para o saber, *porque emudecera e chegara o seu tempo.*
>
> (*JP*, p. 31)

Não há dúvida no eco camoniano que sustenta a descrição do espanto coletivo: "não podia a força humana" faz eco ao já conhecido "mais do que prometia a força humana" da primeira estância de *Os Lusíadas*.

Os turistas estrangeiros, atemorizados por se verem repentinamente a bordo de uma enorme "ilha" à deriva, voltam imediatamente a seus países, interrompendo suas férias sob o agradável clima ibérico. Não seria essa a paródia de outra ilha à deriva que o discurso camoniano concebera como prêmio aos navegantes portugueses? Fogem aqui os turistas a que, também agora, não seria dado o prêmio da ilha aventurada. Ficam aqueles que ousam a experiência da viagem: portugueses e espanhóis. Quase simultaneamente à partida dos turistas estrangeiros, partem também da península os ibéricos "ricos e poderosos", pois o elo que os ligava à terra era bastante tênue para suportarem qualquer acidente (geológico ou social). Portanto, "para que sejam salvos os preciosos bens e as vidas preciosas" (*JP*, p. 223), partiram. Não seriam eles bons exemplos de "barões assinalados". Porque essa é sem dúvida uma viagem de eleitos. Não é ela sem perigo e guarda também seus adamastores, seus sustos, seus medos.

A península avança progressivamente em direção ao arquipélago dos Açores e até dado momento parece que o choque seria inevitável. Sem Vênus, desta vez, é verdade, repentinamente a península muda de rota de forma tão maravilhosamente quanto aquela que permitiu à esquadra de Vasco da Gama escapar às ciladas de Baco e ao grande capitão dizer: "Oh! Caso grande, estranho e não cuidado" (II, 30).

Mas não só pelo mar há viagens nessa jangada: pelo interior da península há o caminho percorrido, individual, e depois em conjunto, por

Joaquim Sassa, José Anaiço, Pedro Orce, Joana Carda e Maria Guavaira. Muita coisa atrai sua atenção ao longo da caminhada e impressionam-se sobretudo com o *novo canal* formado entre a península e a França, pois aí sim encontravam-se "mares nunca dantes navegados"[54].

> [...] *arrepiavam-se as carnes e o cabelo* de olhar tão extrema fatalidade, *maior que a força humana*, que aquilo já não era canal mas água aberta, por onde navegavam os barcos à vontade, *em mares, estes sim, nunca dantes navegados.*
>
> (*JP*, p. 87-8)

Cabem aqui ecos do Adamastor – "Arrepiam-se as carnes e o cabelo / A mi e a todos, só de ouvi-lo e vê-lo" (V, 40); e o sintagma que faz referência ao extraordinário da empresa aparece mais uma vez – "Mais do que prometia a força humana" (I, 1).

Ainda na casa de Pedro Orce, os personagens viajaram sobre um mapa ao traçarem o caminho de volta a Portugal. São agora mãos viajantes que percorrem caminhos de papel.

> O mapa desdobrado mostrava as duas pátrias, Portugal embrechado, suspenso, Espanha desmandibulada a sul, e as regiões, as províncias, os distritos, o grosso cascalho das cidades maiores, a poalha das vilas e aldeias, mas nem todas, que muitas vezes é invisível o pó a olho nu, Venta Micena foi apenas um exemplo. *As mãos alisam e afagam o papel, passam sobre o Alentejo e continuam para o norte,* como se acariciassem um rosto, da face esquerda para a face direita, é o sentido dos ponteiros do relógio, o sentido do tempo, as Beiras, o Ribatejo antes delas, e depois Trás-os-Montes e o Minho, a Galiza, as Astúrias, o País Basco e Navar-

---

54 *Os Lusíadas*, Canto I, primeira estrofe
As armas e os barões assinalados
Que da ocidental praia Lusitana,
Por mares nunca dantes navegados,
Passaram ainda além da Taprobana,
[...]

> ra, Castela e Leão, Aragão, a Catalunha, Valência, Estremadura, a nossa e a deles, Andaluzia onde aí estamos, o Algarve, então José Anaiço *pousou o dedo* na foz do Guadiana e disse, Entramos aqui.
>
> (*JP*, p. 90)

Seria interessante observar como o discurso do narrador aproxima a viagem desses cinco personagens da epopeia das grandes navegações; escolhendo, inclusive, significantes (escrivão e nau) para reforçarem essa ideia[55], pois como ele mesmo afirma é "grande a força da tradição" (*JP*, p. 207).

> [...] se esta nossa viagem levasse diário de bordo, por certo o *escrivão da nau* lavraria assim a sua primeira lauda, A manhã acordou encoberta e chuviscosa, como se aos céus estivesse desagradando a aventura [...]
>
> (*JP*, p. 207)

A península parecia ir ao encontro do seu destino: era tempo desses viajantes haverem "vista do terreno em que nasceram" (X, 144). Pedro Orce, o mais velho, é o primeiro a voltar a uma terra ancestral e a vara de negrilho de Joana Carda fincada na sepultura do amigo assinala a perenidade da vida, pois reverdece quando antes parecia seca. Voltam os homens à sua terra, enquanto a península descobre o seu espaço ideológico na bacia Atlântica entre a América e a África.

Enquanto a península e seus habitantes viajavam, viajava também o próprio escritor pelas suas obras: a referência ao hotel Bragança, onde ficam hospedados as personagens do romance, é apenas um exemplo entre as muitas referências encontradas desse diálogo intertextual. Aliás, como diria H., escrever é senão caminhar por páginas em branco. E, ao caminhar, compondo mais esta epopeia, Saramago pôde questionar o próprio fazer literário, enquanto questionava a própria condição europeia deste povo ibérico.

---

55 Como já fizera antes o narrador de *Levantado do Chão*.

"O poeta é um fingidor": o jogo intertextual e o texto como construção

> Ricardo Reis nasceu em 1887 não me lembro do dia e do mês, mas tenho-os algures, no Porto, é médico, e está presentemente no Brasil.
>
> Fernando Pessoa

> (Carta de 13 de janeiro de 1935)
> Ricardo Reis regressou a Portugal depois da morte de Fernando Pessoa.
>
> José Saramago

A principal característica do texto literário contemporâneo é reconhecer-se essencialmente como invenção. As reflexões da personagem Ricardo Reis não nos deixam esquecer disso quando diz que "o objeto da arte não é a imitação", pois "a realidade não suporta o seu reflexo, rejeita-o, só uma outra realidade, qual seja, pode ser colocada no lugar daquela que se quis expressar". A literatura é, pois, exercício de linguagem, e a linguagem não pretende substituir o mundo com exatidão[56].

O discurso de *O Ano da Morte de Ricardo Reis* vai além do puro reconhecimento do papel de representação que a literatura possui. Ao trazer o heterônimo pessoano como personagem desse romance, o autor transformou a própria *invenção* no centro das atenções, trazendo a ficção para dentro da ficção.

Fernando Pessoa era o poeta perfeito para compor esse quadro metaficcional empreendido por José Saramago em *O Ano da Morte de Ricardo Reis*. Sua obra também traz, como é sabido, um profundo exercício metaficcional expresso na criação dos vários heterônimos: com o desdobramento do poeta em outros poetas – "o eu em outros eus" –, Fernando Pessoa construiu diferentes personalidades poéti-

---

56 Cf. notas 23 e 24 da Introdução (p. 31-32).

cas e com elas – e entre elas – manteve um intenso diálogo. Sobre isso o poeta nos diz:

> [...] construí dentro de mim várias personagens distintas entre si e de mim, personagens essas a que atribuí poemas vários que não são como eu, nos meus pensamentos e ideias, os escreveria. [...] Não há que buscar em quaisquer deles ideias ou sentimentos meus, pois muito deles exprimem ideias que não aceito, sentimentos que nunca tive.[57]

Essa ideia da criação poética pode ser resumida no *metapoema* "Autopsicografia", no qual o poeta ortônimo definiu com extrema sensibilidade o se projeto de trabalho

> O POETA é um fingidor.
> Finge tão completamente
> Que chega a fingir que é dor
> A dor que deveras sente.

Da mesma forma, também interpretou aí a recepção da obra poética pelo leitor:

> E os que leem o que escreve,
> Na dor lida sentem bem,
> Não as duas que ele teve,
> Mas só as que ele não têm.[58]

Ao criar essas várias personalidades poéticas o poeta visualizou o desejo de conceber a poesia por variadas tendências nos diferentes heterônimos: Ricardo Reis neoclássico, o Álvaro de Campos modernista, as poesias bucólicas de Alberto Caeiro.

---

57 PESSOA, 1986, p. 199.
58 *Ibidem*, p. 164.

Analisando um estudo de Octávio Paz sobre o poeta português, Horácio Costa nos diz que

> a divisão heteronímica da expressão pessoana poderia indicar uma forma de discurso romanesco em estado de fragmentação máxima, discurso este que pressuporia como personagens os heterónimos pessoanos, postos em acção com a expressão ortónima, juntamente com toda a carga significante que trazem consigo sob forma de ramificação de dados culturais e literários.[59]

Horácio Costa analisa *O Ano da Morte de Ricardo Reis* como um texto tipicamente pós-moderno, pois neste romance Saramago revisita a obra "fragmentária" de Fernando Pessoa, reorganizando harmoniosamente em sua ficção a ficção deste outro, além de abrir ao poeta moderno outras possibilidades de leitura por parte dos leitores contemporâneos, já que esta releitura atualiza a obra revisitada[60].

Como pudemos observar nas declarações de Pessoa, cada heterônimo possuía uma personalidade distinta, inclusive com sua própria biografia. Então, voltemos à epígrafe... lá encontraremos alguns dados biográficos de Ricardo Reis registrados pelo poeta ortônimo. Ficamos a par de que Ricardo Reis viajara para o Brasil e aqui havia permanecido. Saramago, então, entra nesse jogo ficcional e o leva de volta a Lisboa alguns dias após a morte de seu criador, num tipo de intervenção só permitido à ficção. Dessa forma o discurso romanesco propicia ao heterônimo Ricardo Reis uma mais longa participação no mundo, já agora como personagem de outra ficção. E o discurso romanesco ousa ainda um pouco mais: traz para conviver com Ricardo Reis o próprio fantasma de Fernando Pessoa – outro privilégio da ficção –, e estes passam nove meses juntos em Lisboa no espaço do romance de José Saramago.

---

59 Costa, 1989, p. 46.
60 Cf. nota 28.

Ricardo Reis – personagem – volta para Lisboa a bordo do Highland Brigade. Ao desembarcar leva distraidamente um livro pertencente à biblioteca do navio, que o acompanhou durante toda a viagem. Era o único exemplar de *The God of the Labyrinth*, primeiro livro do escritor Herbert Quain, que Ricardo Reis começou a ler repetidas vezes sem concluir uma leitura sequer. Nesse ponto o jogo ficcional aprofunda-se... Quem seria Herbert Quain? *Quain? Quem?* o heterônimo pessoano – portanto criatura puramente ficcional – é levado a participar de outra ficção – a de Saramago – trazendo consigo um livro que só existe na ficção de Jorge Luis Borges quando este escreve o conto "Exame da Obra de Herbert Quain" incluído no livro *Ficções*. Unindo "infinitas histórias, infinitamente ramificadas"[61], Saramago vai tecendo sua escrita ficcional e labiríntica, colocando lado a lado dois artistas – Pessoa e Borges – que sempre deixaram transparecer em suas obras a consciência de que toda a escrita é construção, exercício de linguagem. Por outro lado, é essa também a impressão que o leitor terá de Saramago, sobretudo porque a todo momento seu texto implícita ou explicitamente denuncia que o escritor é um leitor. Aliás, em *O Ano da Morte de Ricardo Reis* Saramago "realiza uma provocadora *mise en abyme* da escrita e da leitura compreendidas como atos simultâneos da elaboração literária"[62].

Além de Pessoa e Borges inúmeras outras referências literárias podem ser identificadas em meio ao discurso ficcional de *O Ano da Morte de Ricardo Reis*. Entre essas encontraremos novamente alusão ao *Hamlet* de Shakespeare – quando o texto menciona a morte da personagem Ofélia[63] –, como também ao *Ulysses*, de James Joyce, por meio da presença da personagem irlandesa Leopold Bloom. Poderíamos enumerar muitas outras obras de auto-

---

61 BORGES, 1989, p. 58.
62 HELENA, 1988, p. 88.
63 SARAMAGO, 1988, p. 46.
"[...] também Ofélia se deixa ir na corrente, cantando, mas essa terá de morrer antes que se acabe o quarto acto da tragédia [...]

res estrangeiros e portugueses revisitadas por Saramago em *O Ano da Morte de Ricardo Reis*, e a lista não seria pequena. Entretanto, essa seria uma pretensão um tanto totalizadora, como se quiséssemos desvendar em uma única leitura todas as citações trazidas pelo autor, absoluto que obviamente nos escaparia, pois muitas citações encontram-se tão escamoteadas que se diluem em meio ao texto saramaguiano, exigindo uma referência ao repertório do leitor. Num diálogo entre Fernando Pessoa e Ricardo Reis encontraremos um exemplo desse tipo de citação, no qual os poemas "Autopsicografia" e "Isto" aparecem tão inseridos no texto romanesco que, por vezes, parecem pouco claras as fronteiras entre o seu texto e o texto citado.

> Fingir e fingir-se não é o mesmo, Isso é uma afirmação ou uma pergunta, É uma pergunta, Claro que não é o mesmo, eu apenas fingi, você fingi-se, se quiser ver onde estão as diferenças, leiam-me e volte a ler-se [...]
>
> (*RR*, p. 118-9)

> Sou, como não deve ter esquecido, a mais duvidosa das pessoas, um humorista diria o mais duvidoso dos Pessoas, e hoje nem sequer me atrevo a fingir o que sinto, E a sentir o que finge, Tive de abandonar esse exercício quando morri, há coisas, deste lado, que não nos são permitidas.
>
> (*RR*, p. 361)

Isto ocorrerá também com algumas odes do heterônimo Ricardo Reis; vejamos:

> [...] decidiu que seria ele o seis, podia ser qualquer número, *se era, provavelmente inúmeros.*[64]
>
> (*RR*, p. 239)

---

64 Cf. "Diálogo com a obra pessoana", em SILVA, 1989, p. 103-90.

[...] Ponho as minhas flores na água e fico a olhar para elas enquanto lhes durarem as cores [...][65]

(*RR*, p. 291)

[...] Um homem sossegado, alguém que se sentou na margem do rio a ver passar o que o rio leva, talvez à espera de se ver passar a si próprio na corrente [...][66]

(*RR*, p. 291)

[...] sábios deste outro espetáculo do mundo [...][67]

(*RR*, p. 336)

[...] e ficaremos quietos, olhando, como puros observadores do espetáculo do mundo [...][68]

(*RR*, p. 404)

Ora, Ricardo Reis é um espectador do espetáculo do mundo, sábio se isso for sabedoria [...][69]

(*RR*, p. 90)

[...] E no entanto somos múltiplos [...][70]

(*RR*, p. 93)

[...] porém fatiga-o a simples ideia de ter de vigiar o cabelo todos os dias, a ver se falta muito, se é tempo de voltar a usar a loção, compor a tinta na bacia, coroai-me de rosas[71], podendo ser, e basta.

(*RR*, p. 104)

---

65 Ode 310, p. 253.
66 Ode 315, p. 256.
67 Ode 320, p. 259.
68 Ode 320, p. 259.
69 Ode 320, p. 259.
70 Ode 423, p, 291.
71 Ode 312, p. 255.

> [...] ela por acaso Lídia, mas outra, ainda assim afortunada, porque a dos versos nunca soube que gemidos e suspiros estes são, não fez mais que estar sentada à beira dos regatos[72], a ouvir dizer, Sofro, Lídia, do medo do destino.[73]
>
> (*RR*, p. 108)

No entanto, a alusão literal e consciente à obra poética predomina no discurso romanesco, principalmente nas referências à produção anterior do heterônimo Ricardo Reis.

> E há papéis para guardar, estas folhas escritas com versos, datada a mais antiga de doze de Junho de mil novecentos e catorze, vinha aí a guerra, a Grande, como depois passaram a chamar-lhe enquanto não faziam outra maior, Mestre, são plácidas todas as horas que nós perdemos, se no perde-las, qual numa jarra, nós pomos flores, e seguindo concluía, Da vida iremos tranquilos, tendo nem o remorso de ter vivido.[74]
>
> (*RR*, p. 23)

> Sorrindo vai buscar à gaveta os seus poemas, as duas odes sáficas, lê alguns versos apanhados no passar das folhas, E assim, Lídia, à lareira, como estando[75], Tal seja, Lídia, o quadro, Não desejemos, Lídia, nesta hora[76], Quando, Lídia, vier o nosso outono[77], Vem sentar-te comigo, Lídia, à beira-rio[78], Lídia, a vida mais vil antes que a morte[79] [...]
>
> (*RR*, p. 48)

---

72 Ode 315, p. 256.
73 Ode 344, p. 273.
74 Ode 310, p. 253.
75 Ode 324, p. 260.
76 Ode 336 e ode 387, p. 266 e p. 284, respectivamente.
77 Ode 386, p. 283.
78 Ode 315, p. 256.
79 Ode 375, p. 281.

[...] de mim, por exemplo, não ficaram filhos, De mim também não vão ficar, creio, E no entanto somos múltiplos, Tenho uma ode que diz que vive em nós inúmeros[80] [...]

(*RR*, p. 93)

[...] Estás só, ninguém o sabe, cala e finge, murmurou estas palavras em outro tempo escritas[81] [...]

(*RR*, p. 199)

[...] mas logo se lembrou de que em um dia passado escrevera, Seguro assento na coluna firme dos versos em que fico[82], quem um tal testamento redigiu alguma vez não pode ditar outro contrário.

(*RR*, p. 224-5)

[...] e Ricardo Reis escrevera, há poucos dias, a mais extensa das suas odes, passadas e futuras, aquela que começa, Ouvi contar que outrora quando a Pérsia[83].

(*RR*, p. 284-5)

Dois dias depois copiou para uma folha de papel o seu poema, Saudoso já deste verão que vejo, sabendo que esta primeira verdade se tornara entretanto mentira, porque não sente nenhumas saudades, apenas um sono infinito, hoje escreveria outros versos se fosse capaz de escrever, saudoso estava, fique saudoso no tempo em que saudade sentia[84].

(*RR*, p. 400)

Em determinados momentos do romance há uma concentração de citações de odes de Ricardo Reis nas quais o leitor, conhecedor da

---

80 Ode 423, p. 291.
81 Ode 418, p. 290.
82 Ode 346, p. 273.
83 Ode 337, p. 267.
84 Ode 427, p. 292.

obra de Fernando Pessoa, poderá visualizar as fronteiras entre o texto romanesco e a poesia tal como acontece na montagem de um *puzzle*[85]. Agindo, assim, o autor conscientemente explicita para o leitor o efeito de colagem que é um dos procedimentos do romance.

Deixa Ricardo Reis The god of the labyrinth no mesmo lugar, [...] e retira a pasta de atilhos que contém as suas odes, os versos secretos de que nunca falou a Marcenda, as folhas manuscritas, comentários também, porque tudo o que é, que Lídia um dia encontrará, quando o tempo já for outro, de insuprimível ausência. Mestre, são plácidas[86], diz a primeira folha, e neste dia primeiro outras folhas dizem, Os deuses desterrados[87], Coroai-me em verdade de rosas[88], e outras contam, O deus Pã não morreu[89], De Apolo o carro rodou[90], uma vez mais o conhecido convite, Vem sentar-te comigo, Lídia, à beira do rio[91], o mês é junho e ardente, a guerra já não tarda, Ao longe os montes têm neve e sol[92], só o ter flores pela vista fora[93], a palidez do dia é levemente dourada[94], não tenhas nada nas mãos[95] porque sábio é o que se contenta com o espectátulo do mundo[96], outras e outras folhas passam como os dias são passados, jaz o mar, gemem os ventos em segredo, cada coisa em seu tempo tem seu tempo[97], assim bastantes os dias se sucedam, bastante a resistência do dedo molhado sobre a folha, e foi bastante, aqui está, Ouvi con-

---

85 Como já fora dito quando mencionamos as citações de *Os Lusíadas* referentes ao episódio da praia do Restelo no romance *Memorial do Convento*, em que estas aparecem concentradas na página 293, intercalando-se com o discurso romanesco.

86 Ode 310, p. 253.

87 Ode 311, p. 254.

88 Ode 312, p. 255.

89 Ode 313, p. 255.

90 Ode 314, p. 255.

91 Ode 315, p. 256.

92 Ode 316, p. 257.

93 Ode 317, p. 257.

94 Ode 318, p. 258.

95 Ode 319, p. 258.

96 Ode 320, p. 259.

97 Ode 324, p. 260.

tar que outrora, quando a Pérsia, esta é a página, não a outra, este o xadrez, e nós ao jogadores, eu Ricardo reis, tu leitor meu, ardem casas, saqueadas são as arcas e as paredes, mas quando o rei de marfim está em perigo, que importa a carne e o osso das irmãs das mães e das crianças[98], se carne e osso nosso em penedo convertido, mudado em jogador, e de xadrez.

(*RR*, p. 302)

O poema "Autopsicografia" é citado novamente ao lado de uma ode de Ricardo Reis. Desta vez a alusão à obra ortônima é direta.

[...] e quer que eu acredite que esse homem é aquele mesmo que escreveu Severo e vendo a vida à distância em que está[99], é o caso para perguntar-lhe onde é que estava quando viu a vida a essa distância, Você disse que o poeta é um fingidor[100], Eu o confesso, são adivinhações que nos saem pela boca sem que saibamos que caminho andámos para lá chegar, o pior é que morri antes de ter percebido se é o poeta que se finge de homem ou o homem que se finge de poeta [...]

(*RR*, p. 118)

Adiante, num outro encontro entre os dois poetas, mais um verso de Fernando Pessoa é citado:

Um dia você escreveu Neófito, não há morte[101], Estava enganado, há morte, Di-lo agora porque está morto, Não, digo-o porque estive vivo [...]

(*RR*, p. 275)

---

98   Ode 337, p. 267.
99   Ode 319, p. 258.
100 "Autopsicografia", p. 164.
101 "Iniciação", p. 161.

Como acontecera antes num diálogo entre Ricardo Reis e Marcenda:

> Como se chamava ele, Fernando Pessoa, Tenho uma vaga ideia do nome, mas não me lembro de alguma vez ter lido, Entre o que vivo e a vida, entre quem estou e sou, durmo numa descida, descida em que não vou[102], Foram esses os versos que esteve a dizer, Foram, Podiam ter sido feitos por mim, se entendi bem, são tão simples, Tem razão, qualquer *pessoa* os poderia ter feito, Mas teve de vir esta *pessoa* para os fazer [...]
>
> (*RR*, p. 183)

Os poemas de *Mensagem* também estão presentes em *O Ano da Morte de Ricardo Reis*. Nesse diálogo com a obra épica pessoana, Saramago revisita paralelamente a História de Portugal, fazendo uma leitura crítica do período salazarista. Como podemos observar nas palavras de Ricardo Reis em conversa com Fernando Pessoa:

> [...] Em todo o caso, você tem de reconhecer que estamos muito à frente da Alemanha, aqui é a própria palavra da Igreja a estabelecer, mais do que parentescos, identificações, nem sequer precisávamos de receber o Salazar de presente, somos nós o próprio Cristo, Você não devia ter morrido tão novo, meu caro Fernando, foi uma pena, agora é que Portugal vai cumprir-se[103] [...]
>
> (*RR*, p. 281-2)

Ainda de *Mensagem* aparecem os versos do poema "Mar Português": "Tudo vale a pena / se a alma não é pequena", devidamente questionados no que tange ao sentido e à autoria, como a desmistificar, no romance, o caráter de aceitação do sofrimento como forma do crescimento do espírito.

---

102 Poema 158, p. 171. Grifos nossos.
103 "Prece", p. 83.

Mesmo que não vamos a tempo, sempre valeu a pena, seja a alma grande ou pequena, como mais ou menos disse o outro [...]

(*RR*, p. 350)

Nas peregrinações de Ricardo Reis por Lisboa, versos do poema "Mostrengo" são lembrados por causa da estátua do gigante Adamastor:

Seguiu o caminho das estátuas, Eça de Queirós, o Chiado, D'Artagnan, o pobre Adamastor visto de costas, fingiu que admirava aqueles monumentos, por três vezes deu-lhes pousada volta[104].

(*RR*, p. 409)

Poemas de Alberto Caeiro e Álvaro de Campos encontram-se igualmente lembrados no romance. Do primeiro temos trechos do Poema VIII de "O Guardador de Rebanhos", que aparece no romance como a reduplicar a estratégia de perda da aura sagrada (já presente no poema), na referência à figura do menino Jesus colada agora à do rapazinho da estação de caminho de ferro.

[...] este pensar num rapazinho visto de relance numa sossegada estação de caminho-de-ferro, este desejo súbito de ser como ele, de limpar o nariz no braço direito, de chapinhar nas poças de água, de colher as flores e gostar delas e esquecê-las, de roubar a fruta dos pomares, de fugir a chorar e a gritar dos cães, de correr atrás das raparigas e levantar-lhes as saias, porque elas não gostam, ou gostam, mas fingem o contrário, e ele descobre que o faz por gosto seu inconfessado [...]

(*RR*, p. 315)

[...] os três pastorinhos de mãos postas e joelhos pé-terra, um deles é rapaz mas não consta do registo hagiológico nem do

---

104 "Mostrengo", p. 79.

processo de beatificação que alguma vez se tenha atrevido a levantar as saias às raparigas.

(RR, p. 317)

E ainda no "Poema XX", frequentemente aludido como logo o fora no início da narrativa, quando é mencionada a rota do Highland Brigade: "Enfim entrará o Tamisa como agora vai entrando o Tejo, qual dos rios o maior, qual a aldeia" *(RR*, p. 11).

Os poemas de Álvaro de Campos serão mencionados por intermédio da referência explícita à obra do poeta modernista. Mas é de Álvaro de Campos também o cansaço de Reis, a sua incapacidade de ação efetiva, o seu deambular por Lisboa ou a sua paixão pela criada de hotel.

Acho-a muito bonita, e ficou a olhar para ela por um segundo só, não aguentou mais que um segundo, virou costas, há momentos em que seria bem melhor morrer, Eu, que tenho sido cómico às criadas de hotel[105], também tu Álvaro de Campos, todos nós.

(RR, p. 97-8)

Ou, então, num diálogo entre Ricardo Reis e Fernando Pessoa, em que o texto novamente denuncia o autor dos versos citados.

O pior mal é o homem não poder estar no horizonte que vê, embora, se lá estivesse, desejasse estar no horizonte que é, O barco onde não vamos é que seria o barco da nossa viagem, Ah, todo o cais, É uma saudade de pedra[106], e agora que já cedemos à fraqueza sentimental de citar, dividido por dois, um verso de Álvaro de Campos que há-de ser tão célebre quanto merece, console-se nos braços de sua Lídia, se ainda dura esse amor, olhe que eu nem isso tive, Boa noite, Fernando, Boa noite, Ricardo [...]

(RR, p. 154)

---

105 "Poema em Linha Reta", p. 418.
106 "Ode Marítima", p. 314.

Outras citações aparecerão diluídas em meio ao discurso romanesco, integradas naturalmente a esse outro discurso, em que o autor dissimuladamente apropria-se do poema transformando-o em texto seu. Dessa forma, encontraremos as reflexões de Ricardo Reis sobre as cartas de amor, em que os versos de Álvaro de Campos – "Todas as cartas de amor são / Ridículas"[107] – aparecem como se parte do discurso romanesco fossem:

> [...] não esquecer que todas as cartas de amor são ridículas, isto é o que se escreve quando já a morte vem subindo a escada, quando se torna de súbito claro que verdadeiramente ridículo é não ter recebido nunca uma carta de amor.
>
> (*RR*, p. 269)

O poema "Adiamento" transforma-se nas reflexões do próprio Ricardo Reis como a eliminar, no contexto romanesco, as barreiras heteronímicas.

> Não digamos, Amanhã farei, porque o mais certo é estarmos cansados amanhã, digamos antes, Depois de amanhã, sempre terremos um dia de intervalo para mudar de opinião e projecto, porém ainda mais prudente seria dizer, Um dia decidirei quando será o dia de dizer depois de amanhã, e talvez nem seja preciso, se a morte definidora vier antes desobrigar-me do compromisso, que essa, sim, é a pior coisa do mundo, o compromisso, liberdade que a nós próprios negámos.
>
> (*RR*, p. 60)

Por último, ainda na fala de Ricardo Reis, um verso do poema "Tabacaria", de Álvaro de Campos.

---

107   "Poema 508", Álvaro de Campos, p. 399

> [...] chegando a hora deixemos esse cuidado ao acaso, que não escolhe, também o sabemos, limita-se a empurrar, por sua vez o empurram forças de que nada sabemos, e se soubéssemos, que saberíamos.
>
> (*RR*, p. 92)

Trazer Ricardo Reis para ser personagem desse romance também mostra a importância que a língua assume para a escritura de José Saramago. É ele mesmo quem diz: "fascinava-me o ele ser senhor da palavra em ver de ser esta que o influenciava a ele"[108]. Por outro lado, o distanciamento que Ricardo Reis tinha do mundo não o agrada. E de outro modo não poderia ser, pois Saramago é um autor profundamente engajado na sua história, sempre atento à leitura de mundo. O seu texto conjuga aqueles dois princípios definidos por Roland Barthes presentes em toda a escritura: dizer a história e dizer a literatura[109]. E, por ser assim, Saramago é um escritor e não um "mero escrevente"[110].

Na tentativa de aproximar Ricardo Reis do mundo, de transformá-lo de espectador em participante, está Lídia – o nome de uma de suas musas – no papel de uma mulher do povo, trabalhando como camareira de hotel e, eventualmente, a mulher-a-dias da casa do próprio Ricardo Reis. Além da ideia inicial de colocar uma das musas como camareira do hotel Bragança, houve necessidade de escolher qual dos três nomes seria mais apropriado para uma mulher nesta função. Entre as três musas: Neera, Cloe e Lídia, coube escolher a última, pois os outros dois "são nomes que não se usam hoje" (*RR*, p. 274). Entretanto, nem esse é o ideal se considerarmos a tradição popular: "o que é incongruente, sendo criada, é chamar-se Lídia e não Maria" (*RR*, p. 58), mas Lídia era o nome de que essa outra ficção precisava.

---

108 Saramago, em entrevista a Francisco Vale para *JL*, nº 121, 3-5/11/84.
109 Barthes, 1991.
110 *Ibidem*.

No romance, ao contrário das odes, estreita-se o contato de um com o outro – Ricardo e Lídia. Se antes não valia a pena satisfazer desejos por ser mais suave contemplar, aqui, nesta outra ficção, pelo menos, este Ricardo ousa sentir "desassossegos grandes"[111]. Mas por aí fica, não vai além, muito embora as conversas com Lídia tenham-lhe dado a chance de *ver*, em parte, o que estava por trás do silêncio que cobria o Portugal de 1936, já que os jornais "só sabem falar do que aconteceu" (*RR*, p. 52), limitados por uma linguagem censurada, consequência do período ditatorial de então. Lídia, apesar de ser uma mulher simples, tinha agudeza bastante para ler o que se passava nas entrelinhas da realidade. Numa conversa com Ricardo Reis – em que outra ode é citada – podemos perceber a sensibilidade desta mulher que aprecia os versos pronunciados:

> [...] Eu não sou nada, não tenho instrução, o senhor doutor é que deve saber, com tantos estudos que fez para chegar à posição que tem, acho que quanto mais alto se sobe, mais longe se avista, Assim em cada lago a lua toda brilha, porque alta vive[112], O senhor doutor diz as coisas duma maneira tão bonita [...]
>
> (*RR*, p. 375)

Este é, talvez, um romance de aprendizagem com um discípulo que se recusa a incorporar em atos a lição. Ricardo Reis, no entanto, reconhece, de certa forma, que o cenário desse ano de 1936 – com Salazar, Franco, Hitler, Mussolini – é demasiadamente penoso para se afirmar que "sábio é o que se contenta com o espetáculo do mundo", e como, se não suportasse essa constatação, opta por acompanhar definitivamente Fernando Pessoa ao cemitério dos Prazeres. Assim, com a morte, nem mais espectador será.

Lídia, entretanto, escolhe um caminho oposto ao seu. Escolhe a vida, caminho difícil, principalmente para esta mulher do povo que

---

111 Ode 315, p. 256.
112 Ode 414, p. 289.

sozinha assume sua gravidez. Era ele o único caminho possível para dar continuidade à luta de Daniel, o irmão que morreu não por desejar a morte, mas por querer a vida. Essa mulher sabe o que quer, ela conhece a si mesma[113] e, por isso, pode e quer viver plenamente.

> [...] Ora, sou como sou, e esta frase é das que não admitem réplica, cada um de nós devia saber muito bem quem é, pelo menos não nos têm faltado conselhos desde os gregos e latinos, conhece-ti a ti mesmo, admiremos esta Lídia que parece não ter dúvidas.
>
> (*RR*, p. 209)

O discurso modalizante do narrador abre espaço para a humanidade de Lídia. Dúvidas haverá que, entretanto, não serão capazes de desviá-la do caminho. Caminho que o romance lê como uma travessia da história e que ele percorre com a estratégia de revisão de discursos poéticos anteriores, entre os quais sobressaem, evidentemente, os ecos pessoanos.

---

113 Essa personagem segue o preceito socrático referido pelo narrador em *Manual de Pintura e Caligrafia*.

O diálogo com a *Bíblia*

> Suponho que as autoridades religiosas não vão gostar. Em todo o caso, já não há Inquisição.
>
> José Saramago

Ao ler as obras ficcionais de José Saramago, poderíamos ficar surpresos com a referência bastante frequente ao texto bíblico. Afinal, por que este escritor confessadamente comunista e ateu mantém este contato tão íntimo com o texto bíblico? Isto não deveria ser, no entanto, motivo de surpresas para ninguém, e o próprio Saramago já teve inúmeras ocasiões em que justificou essa quase obsessão: o texto bíblico, assim como a literatura, a música, os fatos históricos, a tradição popular do mundo ocidental são partes de uma cultura e, como tal, fazem parte da sua vida, e, por conseguinte, inserem-se naturalmente em sua escrita. O mundo em que vive, como ateu, é o mundo da tradição ocidental cristã. O diálogo com a *Bíblia* irá ainda funcionar como uma estratégia para expor a sua "visão socialista do mundo e do futuro"[114]. Não devemos esquecer da lição que fora dada pelo *Manual de Pintura e Caligrafia*: "tudo é (auto)biografia", e, já que vivemos num mundo feito pelo cristianismo nada mais natural para este escritor que "as religiões que não tem lhe apareçam entre as palavras, a pedir voz e, não poucas vezes, a contradizer o que também dito é" (*MPC*, p. 146). Indagado sobre o assunto José Saramago responde[115]:

> E isto que tem... Porque afinal de contas a primeira evidência é de que nós vivemos num mundo que foi feito pelo cristianismo. Cada um de nós, mesmo que seja ateu, mesmo que seja agnóstico, mesmo que seja... o que quer que seja na sua relação com aquilo a que chamamos o transcendente... Somos formados por um sistema de valores que tem a sua raiz no cristianismo. En-

---

114 Rodrigues, 1983, p. 26.
115 *Gente de expressão*, Rede Manchete de Televisão, abril de 1992.

fim, quer nas relações humanas, quer, enfim, desde aí até a morte, a marca profunda da nossa mentalidade é a marca do cristianismo. Portanto, mesmo que eu seja ateu – e de fato sou – não consigo imaginar uma sociedade onde a ideia de Deus não existe. Quer dizer, eu não posso conceber o que é. Se agora estivesse a imaginar... Vamos lá ver, que a partir dos dados da minha experiência e da minha informação como seria uma sociedade sem Deus... eu não posso imaginar.

Esse diálogo com o texto bíblico aparecerá nos textos ficcionais de José Saramago filtrado por uma linguagem essencialmente irônica.

A ironia é o elemento que maior indício nos oferece da relativização do mundo, porque a sua intenção primária é a desmistificação do absoluto por meio de jogos de enganos proporcionados pelo seu modo peculiar de encenar a linguagem. Dizemos jogos de enganos, pois o discurso irônico, tendo consciência do caráter incompleto da linguagem, escolhe um caminho indireto, um caminho no qual enunciado e enunciação não coincidem, estão em conflito[116]. Segundo Lélia Parreira Duarte:

> A ironia pode ser uma arma em um ataque satírico, uma cortina de fumaça que encobre uma retirada, um estratagema para virar o mundo ou alguém às avessas ou um artifício que permite ao sujeito usar a linguagem e conviver harmoniosamente com sua falta e incompletude.[117]

E essa via indireta, esse jeito de *virar o mundo às avessas* age paradoxalmente, pois permite ao escritor abrir os olhos do leitor com maior objetividade do que conseguiria por intermédio de um discurso linear, aquele no qual enunciado e enunciação coincidem[118]. O dis-

---

116 Fiorin, 1989, p. 39.
117 Duarte, 1992, p. 2.
Cópia de original enviado pela autora antes da publicação; assim, o número da página aqui apresentado não deverá coincidir com o da futura edição.
118 Fiorin, 1989, p. 40.

curso irônico, portanto, abre ao leitor a dúvida entre o dito e o que de fato se quer dizer, instaurando a incerteza, e, consequentemente, ao sentido das palavras da personagem que diz que "a ironia é sempre máscara" (*RR*, p. 361). Ela é "uma visão crítica do mundo"[119].

Claro está que estamos falando da *ironia humoresque* (ou, para outros, *ironia literária*) ou de segundo grau, pois, pelo que vimos, é ela que "estabelece o dialogismo e serve ao discurso revolucionário, pois uma de suas funções será propiciar mudanças"[120]; como também é ela que "chama a atenção do receptor para uma possível manipulação da linguagem"[121]. Assim, a *ironia humoresque* age no nível da enunciação. A outra, retórica ou de primeiro grau, situa-se no nível do enunciado somente, "serve ao discurso reacionário ao sugerir uma leitura passiva, na qual o receptor se configura como vítima inerme que muitas vezes nem tem consciência de sua condição de vítima"[122].

Em relação ao texto bíblico seria interessante observar as maneiras encontradas pelo autor para citá-lo irônica e criticamente ao longo de suas narrativas. Entre as muitas referências feitas ao texto sacro, algumas passam quase imperceptíveis aos olhos do leitor comum. Isso acontece, principalmente, porque certas passagens bíblicas encontram-se cristalizadas no discurso cotidiano, fazendo com que muitas pessoas sequer percebam a sua origem. Temos no dito popular "o sol é para todos" um bom exemplo do que estamos falando. Poucos sabem que esse dito popular tem sua origem no *Novo Testamento* em *Mt* 5,44–45:

> Eu, porém, vos digo: Amai os vossos inimigos e orai pelos que os perseguem; / para que vos torneis filhos do vosso Pai celeste, porque *Ele faz nascer o sol sobre maus e bons, e vir chuvas sobre justos e injustos.*

---

119 DUARTE, 1992, p. 2.
120 *Ibidem*, p. 3.
121 *Ibidem*, p. 3.
122 *Ibidem*, p. 3.

Valendo-se desse dito popular, o narrador de *Memorial do Convento* e de *O Ano da Morte de Ricardo Reis* lê ironicamente o tipo de vida que cabia ao povo português em épocas tão diversas como o século XVIII e o século XX, pois a essas pessoas humildes só era dado o que não podia ser tirado.

Porém, a Quaresma, como o sol, quando nasce, é para todos.

(*MC*, p. 27)

[...] vêde como é para todos a chuva quando cai.

(*MC*, p. 306)

[...] a chuva, celeste justiça, quando cai, é para todos.

(*RR*, p. 194)

[...] as ameaças, quando nascem, são, como o sol, universais [...]

(*RR*, p. 370)

Outra expressão comum no discurso cotidiano refere-se à defesa feita por Jesus Cristo da mulher adúltera, registrada em *Jo* 8,1-11. Naquela ocasião os escribas e fariseus queriam apedrejar a mulher pelo pecado cometido, como mandava a tradição desde Moisés. Então, Jesus diz: "Aquele que dentre vós estiver sem pecado, seja o primeiro que lhe atire a pedra" (*Jo* 8,17). A expressão "atire a primeira pedra" tem, pois, sua origem na *Bíblia*, mas certamente infiltrou-se no discurso cotidiano por uma evidente memória popular que vulgarizou o texto sacro. E assim o fez o narrador homodiegético – H. – no *Manual de Pintura e Caligrafia*, ao procurar justificar a sua passagem profissional como pintor de retratos.

No fundo, que importância tem a história do retrato do pai de S.? *Atire a primeira pedra* o pintor de retratos que nunca o fez...

(*MPC*, p. 88)

Ou, ainda, para justificar os seus passos como um turista qualquer por Veneza.

> A primeira vez que estive em Veneza, usei o meu tempo na descoberta pessoal da epiderme da cidade, pondo escrupulosamente os pés e os olhos onde milhões de outras pessoas haviam posto já os seus. Por esta inocente falta de originalidade me *atire a primeira pedra* quem nunca cometeu outras maiores.
>
> (*MPC*, p. 159)

Em *O Ano da Morte de Ricardo Reis* essa expressão também é encontrada. Nessa narrativa a personagem Ricardo Reis tem medo de que seus encontros com a camareira Lídia sejam descobertos. E, pensando assim, imagina um hóspede qualquer indo denunciá-lo a Salvador – que nesse caso é apenas o nome do gerente do hotel. Nesta citação, no entanto, o narrador deixa uma pista "no ar" a respeito da origem da expressão ao dizer:

> [...] Senhor Salvador, isto é uma vergonha, a Lídia e o doutor Reis, bom seria que respondesse, repetindo o antigo exemplo, *Aquele de vós que se achar sem pecado, atire a primeira pedra* [...]
>
> (*RR*, p. 155)

Encontramos, ainda, em *O Ano da Morte de Ricardo Reis* esta expressão repetida mais uma vez:

> [...] é sabido que as exaltações nacionalistas encegueiram facilmente a inteligência, *atire a primeira pedra* quem nunca caiu nestas tentações.
>
> (*RR*, p. 301)

No discurso de *História do Cerco de Lisboa* a referência a esta expressão será mais significativa. Primeiro, porque refere-se ao "equívoco" do revisor Raimundo Silva ao trocar – propositadamente – o *sim* pelo *não*, e, também, por partir desse erro toda a estruturação do texto.

> Está demonstrado, portanto, que o revisor errou, que se não errou confundiu imaginou, mas venha *atirar-lhe a primeira pedra* aquele que não tenha errado, confundido ou imaginado nunca.
>
> (*HCL*, p. 25)

E, ainda, mais significativa é a referência quando feita ao episódio da mulher adúltera. Nesse momento, o narrador lança mão de sua veia irônica e usa o episódio para traçar um paralelo com a sociedade atual, mais corrupta e, consequentemente, mais necessitada da vinda do Salvador.

> Porém, disse o outro, *atire a primeira pedra* aquele que se achar sem pecado. [...] Aliás, regressando ao passo evangélico, é-nos lícito duvidar que o mundo estivesse naquele tempo tão emperdenido de vícios que para salvar-se carecesse do Filho de um Deus, pois é o próprio episódio da adúltera que aí está a demonstrar-nos que as coisas não iam assim tão más lá na Palestina, agora sim que estão péssimas, veja-se como naquele remoto dia nem mais uma pedra foi lançada contra a infeliz mulher, bastou ter proferido Jesus as fatais palavras e logo ali se recolheram as mãos agressoras, por esta maneira declarando, confessando e mesmo proclamando os seus donos que sim senhor ele tinha razão, em pecado estavam. Ora, uma gente que foi capaz de reconhecer-se culpada publicamente, ainda que de modo implícito, não estaria de todo perdida, conservava intacto em si um princípio de bondade, autorizando-nos portanto a concluir, com mínimo risco de erro, que terá havido alguma precipitação na vinda do Salvador. Hoje, sim, que teria valido a pena, pois não só os corruptos perseveram no caminho da sua corrupção, como se vai tornando cada dia mais difícil encontrar razões para interromper um apedrejamento começado.
>
> (*HCL*, p. 193)

Esse ponto de vista a respeito da realidade conduz o narrador de *O Ano da Morte de Ricardo Reis* a pôr em dúvida com extrema ironia as palavras finais de Jesus registradas nos evangelhos:

> Por isso é duvidoso ter-se despido Cristo da vida com as palavras da escritura, as de Mateus e Marcos, Deus meu, Deus meu, por que me desamparaste, ou as de Lucas, Pai, nas tuas mãos entrego o teu espírito, ou as de João, Tudo está cumprido, o que Cristo disse foi, palavra de honra, qualquer pessoa popular sabe que esta é a verdade, Adeus, mundo, cada vez pior.
>
> (*RR*, p. 60)

E o narrador do *Memorial do Convento* completa essa ideia ao dizer:

> [...] Deus não sorri, ele lá saberá porquê, talvez tenha acabado por se envergonhar do mundo que o criou.
>
> (*MC*, p. 315)

Esses textos que falam de Deus estão, entretanto, questionando a existência de Deus. Para exemplificarmos mais detalhadamente este tipo de questionamento, vejamos o que nos diz o discurso de *Levantado do Chão*. Nessa narrativa, o narrador trará uma constante reflexão a respeito de Deus: diante de tanto sofrimento, fica a exclamação: "E dizem que há Deus" (*LC*, p. 44). E se continuarmos a acompanhar as suas reflexões, veremos que até os animais têm uma melhor sorte que os lavradores que dão toda a sua força para lavrar, semear e colher. O povo, para os Bertos latifundiários, "fez-se para viver sujo e esfomeado" (*LC*, p. 73), "é preciso que o homem esteja abaixo do animal" (*LC*, p. 73). Dessa maneira, nos diz o narrador

> [...] *a prova de que Deus não existe* é não ter feito os homens carneiros, para comerem as ervas dos valados, ou porcos, para a bolota.
>
> (*LC*, p. 79)

Em outro momento:

> Diz a Picança, Então, vais sem farnel, menino de Deus, Responde *o menino de Deus esquecido*, Sim senhora, vou.
>
> (LC, p. 52)

Por estar de olhos bem abertos a essas e outras situações humilhantes, sofridas pelo povo ao longo dos séculos, o narrador inquirirá este Deus traidor que se esqueceu de quem o criou. O povo como verdadeiro CRIADOR de Deus, é outra heresia nesse diálogo com a *Bíblia*.

> Deus do céu, como podes tu não ver estas coisas, estes homens e mulheres que tendo inventado um deus se esqueceram de dar olhos, ou o fizeram de propósito, porque nenhum deus é digno do seu criador, e portanto não o deverá ser.
>
> (LC, p. 220-1)

Muitas passagens do texto bíblico encontram-se camufladas pelo texto ficcional como se o autor não deixasse pistas para que as referências fossem facilmente encontradas. Outras há em que a referência vem quase como uma citação:

1)

> A onda cresce e rola. Em Portugal afluem as inscrições de voluntários para a Mocidade Portuguesa, são jovens patriotas que não quiseram esperar pela obrigatoriedade que há-de vir, [...], *Este é o meu corpo, este é o meu sangue*, mas qualquer pessoa pode ver que é grande a sua sede de martírio.
>
> (RR, p. 377)

> E, tomando um pão, tendo dado graças, o partiu e lhes deu, dizendo: *Isto é o meu corpo* oferecido por vós; fazei isto em memória de mim. / Semelhantemente, depois de cear, tomou o cálice, dizendo: *Este é o meu sangue* derramado em favor de vós.
>
> (Lc 22, 19-20)

2)

Vão as formigas ao mel, ao açúcar derramado, *ao maná que cai do céu*, são quê, quantas, talvez uma vinte mil [...]

(MC, p. 230)

Nada obstante, ordenou às alturas, e abriu as portas dos céus; / *fez chover maná* sobre eles, para alimentá-los, e lhes deu *cereal do céu*.

(SL 73, 23-24)

3)

[...] Amados irmãos, olhai que no fim deste caminho que levais está a perdição e o inferno, *onde tudo é choro e ranger de dentes* [...]

(LC, p. 160)

[...] por isso a mulher de Cheleiros disse, Maldito sejam os frades, e com muito suor e *ranger de dentes* foram as figuras descidas [...]

(MC, p. 325)

[...] virá o senhor daquele servo em dia em que não esperava, e em hora que não sabe, / e castiga-lo-á, lançando-lhe a sorte com os hipócritas; *ali haverá choro e ranger de dentes*.

(MT 24, 50-51)

Os exemplos seguintes requerem, de nós, uma explicação mais detalhada. No trecho do *Memorial* veremos Baltasar e Blimunda indo, durante a noite, às escondidas, ver como havia ficado o convento com a chegada das estátuas dos santos. Ao saírem, Blimunda olha para trás e vê que as estátuas "fosforeciam como sal", parodiando assim o episódio relatado no livro do *Gênesis* sobre a destruição de Sodoma e Gomorra. Entretanto, no episódio bíblico, quem se transforma numa estátua de sal, pela sua desobediência, é a mulher de Ló, pois os anjos os haviam advertido para não olharem para trás (*Gn* 19,17). O texto ficcional, de modo irreverente, faz com que a visionária Blimunda olhe e, agora, são os santos que parecem estátuas de sal.

4)

Saíram do círculo das estátuas, outra vez iluminadas, e, quando iam começar a descer para o vale, *Blimunda olhou para trás. Fosforesciam como sal.*

(*MC*, p. 330)

E a mulher de Ló olhou para trás e converteu-se numa estátua de sal.

(*Gn* 19,26)

Outro exemplo pode ser encontrado em *Levantado do Chão*, em que há uma referência clara ao texto bíblico, aparecendo, inclusive, o nome de Salomão, mas em que será Lamberto Horques Alemão quem tomará, convenientemente, para si o papel de receptor do discurso ao declarar-se o senhor da terra.

5)

[...] não vos chamou el-rei nosso senhor para fundardes e procriardes como Salomão, mas para que cuidásseis da terra e a regêsseis, em modo de a ela vir gente e nela se fixar, Isso faço e farei, e quanto mais me aprouver, *que minha é a terra e quanto nela há* [...]

(*LC*, p. 26)

Ao Senhor pertence a terra e tudo o que nela se contém, o mundo e os que nele habitam.

(*Sl* 24, 21)

Temos ainda o narrador de *O Ano da Morte de Ricardo Reis* preocupado com o que se passava na Espanha e, temeroso de que ecos das ações franquistas chegassem a Portugal, inclui sutilmente em seu discurso uma variante da frase escrita por Paulo aos Romanos.

6)

Seria impossível que estes bons ventos de Espanha não produzissem movimentos afins em Portugal. Os lances estão feitos, as cartas postas na mesa, o jogo é claro, chegou a hora de saber quem está por nós e quem está contra nós [...]

(*RR*, p. 392)

Que diremos, pois, à vista destas coisas? Se Deus é por nós, quem será contra nós?

(*Rm* 8,31)

Cabe-nos, ainda, citar mais outro exemplo que consideramos pertinente. Referimo-nos à referência feita ao vale de Josafá pelo narrador do *Memorial*. Estavam os trabalhadores a descansar – os que ajudaram a transportar a pedra de Pêro Pinheiro a Mafra –, gozando a sesta merecida após uma parca refeição, e mal se deitaram já se faz necessário estarem de pé para voltarem ao trabalho. Por isso diz o narrador com extrema ironia:

7)
[...] se estivéssemos no vale de Josafá mandávamos acordar os mortos, assim não há outro remédio que *levantarem-se*[123] os vivos.

(*MC*, p. 249)

Levantem-se todas as nações, e sigam para o vale de Josafá; porque ali me assentarei, para julgar todas as nações em redor.[124]

(*Jo* 3,12)

---

123 Registramos, aqui, mais uma citação na qual está presente o verbo *levantar*.
124 BUCKLAND & WILLIAMS, 1957, p. 449.
O vale de Josafá é um nome simbólico, que o profeta Joel aplicou ao lugar, onde havia de realizar-se o Juízo (*Jl* 3,2-12). Desde tempos remotíssimos o vale de Cedron, um profundo fosso ao oriente de Jerusalém, tem sido considerado o sítio da visão do profeta; mas o mais provável é que Joel não tivesse na sua mente algum lugar particular. É certo que a *Bíblia* não menciona qualquer lugar especial com esse fim. Todavia, deve notar-se que os judeus acreditam que o Juízo final há-de ter a sua realidade no vale de Cedron: n'esta consideração, acha-se o lugar literalmente guarnecido de túmulos de judeus e mahometanos, que estão esperando a derradeira chamada. Assim se tem pensado a respeito do vale, pelo menos desde os tempos de Josias (*2Rs* 23,6); e afirma-se com certa probabilidade que teve o nome de Josafá antes de ter recebido o de Cedron. O seu nome actual é Wady Sitti Miriam.

Em diversas ocasiões, a ironia em relação a Deus e ao texto bíblico aprofunda-se, chegando o discurso ficcional a assumir um tom cáustico próximo das características da literatura carnavalizada, pois, como é sabido, neste gênero combinam-se os opostos, não há hierarquia, e, portanto, não há separação entre o sagrado e o profano[125]. Envoltos por essa folia os narradores e, às vezes, as personagens apropriam-se do texto bíblico transgredindo-o por meio de paródias hilariantes.

Algumas paródias realizadas no *Memorial do Convento* são perfeitas para ilustrar este tipo de procedimento adotado pelo narrador e pelas personagens. Numa alusão a *Lucas 4,9*, o narrador do *Memorial* revive às avessas o episódio bíblico. Procede assim para deixar claro que os primeiros a voar foram pessoas comuns: um padre, um soldado maneta e uma visionária[126] e não o filho de Deus.

> [...] voar está demonstrado que só o podem fazer os anjos e o Diabo, aquele como ninguém ignora e por alguns foi testemunhado, este por certificação da própria sacra escritura, pois lá se diz que o Diabo levou Jesus ao pináculo do templo, portanto pelos ares o levou, não foram pela escada, e lhe disse, Lança-te daqui abaixo, e ele não lançou, não quis ser o primeiro homem a voar [...]
>
> (*MC*, p. 142-3)

> Então o levou a Jerusalém e o colocou sobre o pináculo do templo e disse: Se és filho de Deus, atira-te daqui abaixo [...]
>
> (*Lc 4,9*)

A irreverência aparece no discurso do personagem padre Bartolomeu Lourenço, quando este diz a Baltasar – o soldado que perdeu

---

125 Cf. Bakthin, 1981, p. 106.

126 Por ocasião da edição comemorativa dos vinte anos da primeira edição de *Memorial do Convento*, José Saramago denominará essas personagens (Blimunda, Baltasar e padre Bartolomeu) de seus três Mosqueteiros. Essa afirmação está presente na edição por meio de um manuscrito. Essa edição que possui pinturas de José Santa-Bárbara – que se incluem no ciclo "Vontades. Uma leitura de *Memorial do Convento*" – e tem design gráfico de José Serrão.

a mão esquerda na Guerra de Sucessão da Espanha – que Deus também é maneta, pois nas Sagradas Escrituras não há referência à sua mão esquerda.

> [...] Com essa mão e esse gancho podes fazer tudo quanto quiseres, e há coisas que um gancho faz melhor que a mão completa, um gancho não sente dores se tiver de segurar um arame ou um ferro, nem se corta, nem se queima, *e eu te digo que maneta é Deus, e fez o universo*.
> Baltasar recuou assustado, persignou-se rapidamente, como para não dar tempo ao diabo de concluir as suas obras, Que está a dizer, padre Bartolomeu Lourenço, onde é que se escreveu que Deus é maneta, Ninguém escreveu, não está escrito, só eu digo que Deus não tem a mão esquerda, porque é à sua direita, à sua mão direita, que se sentam os eleitos, não se fala nunca da mão esquerda de Deus, nem as Sagradas Escrituras, nem os Doutores da Igreja, à esquerda de Deus não se senta ninguém, é o vazio, o nada, a ausência, portanto Deus é maneta. Respirou fundo o padre, e concluiu, Da mão esquerda.
>
> (*MC*, p. 68)

De fato, o texto bíblico não faz referências literais ao lado esquerdo de Deus:

> [...] e aqui a suprema grandeza do seu poder para com os que cremos, segundo a eficácia da força do seu poder; o qual exerceu Ele em Cristo, ressuscitando-o dentre os mortos, e fazendo-o sentar à sua direita nos lugares celestiais [...]
>
> (*Ef* 1,19-20)

> Mas Estêvão, cheio do Espírito Santo, fitou os olhos no céu e viu a glória de Deus, e Jesus, que estava à sua direita.
>
> (*At* 7,55)

Esse modo irônico de encarar a não referência ao lado esquerdo de Deus e de provocar nos leitores o riso é outra forma de carnavalizar [127] o modelo sacro por meio de uma literatura voluntariamente tendenciosa.

Também o narrador de *O Ano da Morte de Ricardo Reis* parodia parte da oração do pai-nosso, quando em seu discurso reflete sobre a existência, no futuro, da televisão. Desse modo, vendo a face das pessoas, ficaria mais fácil perceber por suas expressões a mentira quando proferida. Estamos, pois, diante de uma situação absolutamente profana e a colagem de um discurso religioso desierarquiza as relações.

> [...] oxalá que a invenção humana ponha depressa ao alcance de todos nós, em nossa própria casa, a cara de quem nos estiver a falar, saberemos enfim distinguir a mentira da verdade, começará então, verdadeiramente, o tempo da injustiça, *venha nós o nosso reino*.
>
> (*RR*, p. 389)

> [...] vós orareis assim: Pai nosso que estás nos céus, santificado seja o teu nome; venha o *teu reino*, faça-se a tua vontade, assim na terra como no céu [...]
>
> (*Mt* 6,9-10)

E, ainda, quando o narrador descreve as ações dos peregrinos em Fátima:

> [...] há quem interrompa o padre-nosso para palpitar o três mil seiscentos e, noventa e quatro, e segurando o terço na mão distraída apalpa a cautela como se lhe tivesse a calcular o peso e a promessa, desatou do lenço os escudos requeridos, e torna à oração no ponto em que interrompa, *o pão nosso de cada dia nos dai hoje*, com mais esperança.
>
> (*RR*, p. 316)

---

127 Cf. Bakthin, 1981, p. 109.

A citação literal da oração do pai-nosso virá, entretanto, expressa no discurso do padre Agamedes: "[...] padre-nosso que estais no céu, santificado seja o vosso nome" (*LC*, p. 120), diz este sacerdote ao tentar persuadir os lavradores e fazê-los aceitar a vida passivamente. Afinal, como ele mesmo já dissera: "melhor é pagar neste mundo que estar em dívida no outro" (*LC*, p. 108).

A Inquisição, como é sabido, assinalou um tempo de crueldade religiosa dos mais graves de toda a história da humanidade. Esse fato, portanto, será um dos alvos mais visados pelo discurso irônico do *Memorial do Convento*. A violência religiosa transparecia não só nos autos de fé, mas em formas mais sutis em que se obrigava o povo a acreditar cegamente obliterando sua capacidade de reflexão. O narrador do *Memorial* refere-se ironicamente aos atos de violência do Santo Ofício ao citar parodicamente a passagem registrada nos evangelhos – de *Mateus*, *Marcos* e *Lucas*, onde Jesus faz de Pedro "pescador de homens", para oferecer-lhes a vida eterna. Nesse caso a vida se transforma em morte e o prêmio em consolação:

> [...] que o Santo Ofício, podendo, lança as redes ao mundo e trá-
> -las cheias, assim peculiarmente praticando a boa lição de Cris-
> to quando a Pedro disse que o queria pescador de homens.
>
> (*MC*, p. 95)

Na fala de Blimunda – a mulher visionária de *Memorial do Convento* – estará a paródia ao texto de *Eclesiastes* no qual está determinado por Deus que há um tempo próprio para todas as coisas. Houve, portanto, o tempo de construir a passarola, e, agora, é tempo de destruir as paredes para que possa voar, já que pela porta é impossível passar.

> Blimunda estava ali, com um cesto cheio de cerejas, e respon-
> dia, Há um tempo para construir e um tempo para destruir, umas
> mãos assentaram as telhas deste telhado, outras o deitarão abai-
> xo, e todas as paredes, se for preciso.
>
> (*MC*, p. 168)

> Tudo tem o seu tempo determinado, e há tempo para todo o propósito debaixo do céu: Há tempo de nascer, e tempo de morrer; tempo de plantar, e tempo de arrancar o que se plantou; tempo de matar, e tempo de curar; tempo de derribar, e tempo de edificar [...]
>
> (*Ec* 3,1-3)

A solução para o problema do voo da passarola partiu mais uma vez de Blimunda, como mais uma prova de que as mulheres são indispensáveis. Por reconhecer seu valor o autor parodiou o livro de *Eclesiastes* pela voz feminina, pois tal livro faz parte dos "Livros da Sabedoria". Além disso, em hebraico *Qoheleth* é uma palavra feminina da qual se originou Eclesiastes; seu significado é "assembleia", dando-nos a ideia de "uma reunião de pessoas, falando pela voz de uma só"[128]. Não foi desta forma que agiu Blimunda, estando acompanhada de três homens, padre Bartolomeu, Baltasar e o músico Domenico Scarlatti?

E por falar em mulheres, encontraremos novamente no discurso do narrador do *Memorial* uma forma de enaltecê-las diante dos homens. Dessa vez o narrador parodia as palavras do evangelho de *Mateus* ao descrever a indumentária das pessoas que acompanham uma procissão, e dá às mulheres a qualidade de *liliais*. Ora, na Antiguidade o lírio era considerado o símbolo da majestade, grandeza e beleza. Tanto assim que a cidade de Susa – na Pérsia – tinha esta flor como emblema; como posteriormente, também, seria adotado pela casa real francesa e, na Renascença, era símbolo de Florença[129].

> [...] só os lírios não sabem fiar nem tecer e por isso estão nus, se Deus quisesse que assim andássemos teria feito homens liliais, as mulheres felizmente já o são [...]
>
> (*MC*, p. 153)

---

128 Buckland & Williams, 1957, p. 239.
129 *Dicionário Brasileiro Ilustrado*, 1965, p. 1.680.

E por que andais ansiosos quanto ao vestuário? Considerai como crescem os lírios do campo: eles não trabalham nem fiam. Eu, contudo, vos afirmo que nem Salomão, em toda a sua glória, se vestiu como qualquer deles.

(*Mt* 6,28-9)

Em *O Ano da Morte de Ricardo Reis*, as palavras do evangelista novamente serão retomadas numa longa digressão paródico-filosófica em que o narrador tece a sua leitura carnavalizada do *paraíso perdido*, aproveitando-se da fome sentida pela personagem Ricardo Reis, à noite, ao voltar para o hotel. E ainda se refere à parábola da ovelha perdida registrada nos evangelhos de *Mateus* e *Lucas*: "Porque onde estiverem dois ou três reunidos em meu nome, ali estou no meio deles" (*Mt* 18,20).

A sala de jantar do hotel Bragança é o *paraíso perdido*, e, como paraíso que se perdeu, gostaria Ricardo Reis de lá tornar, mas ficar não. Vai à procura dos pacotes dos bolos secos, das frutas cristalizadas, com eles engana a fome, para beber só tem a água da torneira, a saber a fénico, assim desmunidos se devem ter sentido *Adão* e *Eva* naquela primeira noite depois de expulsos do éden, por sinal que também caía água que Deus a dava, ficaram os dois no vão da porta, Eva perguntou a Adão, Queres uma bolacha, e como justamente tinha só uma, partiu-a em dois bocados, deu-lhe a parte maior, foi daí que nos veio o costume. [...] Para além desta porta, fechada para sempre, lhe tinha ela dado a maçã, ofereceu-a sem intenção de malícia nem conselho de serpente, porque nua estava, por isso se diz que Adão só quando trincou a maçã é que reparou que ela estava nua, como Eva que ainda não teve tempo de se vestir, por enquanto *é como os lírios do campo, que não fiam nem tecem*. Na soleira da porta passaram os dois a noite bem, com uma bolacha por ceia, Deus, do outro lado, ouvia-os tristes, excluído de um festim que fora dispensado de prover, e que não previra, mais tarde se inventará um outro dito, *Onde se reunirem homem e mulher, Deus estará entre eles*, por estas novas palavras aprenderemos que o paraíso, afinal, não era onde nos tinham dito, é aqui, ali onde Deus terá de ir, de cada vez, se quiser reconhecer-lhe o gosto.

(RR, p. 223-4)

No *Memorial*, veremos D. João V apropriar-se das palavras de Salomão inscritas no livro de *Eclesiastes*:

> Vaidade das vaidades, disse Salomão, e D. João V repete, Tudo é vaidade, vaidade é desejar, ter é vaidade.

(MC, p. 289)

> Vaidade de vaidade! Diz o pregador; vaidade de vaidades! Tudo é vaidade.

(Ec 1,2)

Será, ainda, D. João V que vaidosamente dirá: "dai a César o que é de Deus, a Deus o que é de César" (*MC*, p. 155), invertendo o discurso bíblico: "[...] Dai, pois, a César o que é de César, e a Deus o que é de Deus" (*Mt* 22,21).

Aliás, os romances de José Saramago denunciam o "pacto corrupto" entre as forças do poder. Em *Levantado do Chão*, por exemplo, temos o *mesmo* padre Agamedes por toda a narrativa, e são sessenta anos de história percorridos, simbolizando o poder inalterado da Igreja ao lado do Estado e dos latifundiários.

Nos exemplos a seguir, o narrador utilizou-se do fato bíblico para qualificar hiperbolicamente o que vinha narrando. O *dilúvio*, por exemplo, aparece como metáfora da *chuva intensa*:

> Se o mundo fosse barca e vogasse num grande mar, iria desta vez ao fundo, juntando-se água e águas num *dilúvio enfim universal que não pouparia nem Noé nem a pomba*.

(MC, p. 221)

[...] a chuva continuava a inundar tudo, como se Deus, por alguma zanga particular não comunicada à humanidade, tivesse, à falsa fé, decidido *repetir o dilúvio universal, agora definitivo*.

(*MC*, p. 306-7)

Tem chovido muito, perguntou o passageiro, *É um dilúvio, há dois meses que o céu anda a desfazer-se em água*, respondeu o motorista, e desligou o limpa-vidros.

(*RR*, p. 17)

ou, sobretudo, para enfatizar sua ironia a respeito da frieza de Deus ao afogar em sono letal tantas pessoas.

[...] porventura no *seu grande dilúvio* terá Deus misericordioso desta maneira adormecido os homens para que lhes fosse suave a morte, a água entrando maciamente pelas narinas e pela boca, inundando sem sufocação os pulmões, regatilhos que vão enchendo os alvéolos, um após outro, todo o corpo, *quarenta dias e quarenta noites de sono e de chuva* [...]

(*RR*, p. 46)

A parábola do filho pródigo registrada no evangelho de *Lucas* (15 11,32) será a adaptada pelo narrador quando descreve a volta de Baltasar para a casa de seus pais em Mafra, como também, a volta de Ricardo Reis para Lisboa após tantos anos no Brasil.

Regressou o filho pródigo, trouxe mulher, e, se não vem de mãos vazias, é porque uma lhe ficou no campo de batalha e a outra segura a mão de Blimunda, se vem mais rico ou mais pobre não é coisa que se pergunte, pois todo o homem sabe o que tem, mas não sabe o que isso vale.

(*MC*, p. 101)

É para o hotel que Ricardo Reis vai encaminhando os passos,
Agora mesmo se lembrou do quarto onde dormiu a *sua primeira
noite de filho pródigo*, sob um paterno tecto, lembrou-se dele
como da sua própria casa [...]

(RR, p. 44)

Também o segundo maior mandamento que diz: "Amarás o teu
próximo como a ti mesmo" (*Mc* 12,31) aparece com certa ironia no
discurso de *O Ano da Morte de Ricardo Reis*.

[...] gentes misteriosas que chegaram do desconhecido e da bru-
ma, e pensando neles sentiu um bom calor no coração, um íntimo
conforto, *amai-vos uns aos outros*, assim fora dito um dia e era
tempo de começar.

(RR, p. 45)

Franco e Herodes são recusados como similares no discurso irônico do narrador. Por mais evidente que fosse o jogo sarcástico, pois se
ele não ordenou a "matança das criancinhas", ordenou, certamente,
a matança de milhares de inocentes na guerra civil espanhola.

[...] Ainda não tomei Madrid porque não quero sacrificar a parte
inocente da população, *bondoso homem*, aqui está alguém que
nunca ordenaria, como fez Herodes, a matança das criancinhas,
esperaria que elas crescessem para não ficar com esse peso na
consciência e para não sobrecarregar de anjos o céu.

(RR, p. 392)

Jesus purificou o templo expulsando os vendilhões, como nos
relatam os evangelhos de *Lucas* e *João*, pois não eram lícitos os
negócios na casa do Pai. Em *O Ano da Morte de Ricardo Reis* esse
episódio é retomado de forma paródica quando o personagem Ricardo Reis vai a Fátima e por lá encontra inúmeros vendedores am-
bulantes acentuando o comércio religioso.

Mas o pior de tudo, porque ofende a paz das almas e perturba a quietude do lugar, são os *vendilhões*, pois são muitos e muitas, livre-se Ricardo Reis de passar por ali, que num ápice lhe meterão à cara, em insuportável gritaria, Olhe que é barato, olhe que foi benzido [...]

(RR, p. 317)

Repete-se, ainda, este episódio bíblico em dois outros momentos. O discurso do narrador é evidentemente irônico, pois se refere ao exército nacionalista espanhol que acusa o governo republicano de trair as virtudes da pátria:

O exército espanhol, guardião das virtudes da raça e da tradição, ia falar com a voz das suas armas, *expulsaria os vendilhões do templo*, restauraria o altar da pátria, restituiria à Espanha a imorredoura grandeza que alguns seus degenerados filhos haviam feito decair.

(RR, p. 371)

Mesma estratégia na ida de Ricardo Reis, pela primeira vez, a um comício político:

Ao entrar na praça, Ricardo Reis, por um refluxo do caudal humano, achou-se confundido com os bancários, todos de fita azul no braço com a cruz de Cristo, e as iniciais SNB, é bem certo que a virtude definitiva do patriotismo absolve todos os excessos e desculpa todas as contradições, como esta de terem os bancários adoptado para seu sinal de reconhecimento a cruz daquele que, nos tempos passados, *expulsou do templo mercadores e cambistas* [...]

(RR, p. 394)

O nacionalismo, certamente, é uma tentação difícil de ser evitada. Por isso, após duas premissas já existentes, a dos hebreus e a de Gil Vicente, o narrador conclui: "Portugal é Cristo" (*RR*, p. 281), já que

[...] os hebreus promoveram Deus ao generalato, chamando-lhe *senhor dos exércitos* [...], Gil Vicente afirmou que Deus é português, Ele é que deve ter razão, se Cristo é Portugal [...]

(*RR*, p. 282)

O episódio bíblico do "Gethsemane" encontra-se transcrito integralmente em meio ao discurso ficcional do *Manual de Pintura e Caligrafia*. Nessa extensa citação literal, além dos recursos gráficos das aspas e das barras indicando o término de cada versículo, há ainda a indicação para encontrá-la na *Bíblia*: *Lucas* 22, 39-46, facilitando, assim, a identificação da referência. Nesse caso o narrador faz críticas ao procedimento *pouco original* da recriação do "evangélico exemplo do Gethsemane" por David Lean, diretor do filme *Lawrence da Arábia*. E, como se isso não bastasse, devemos nos lembrar das palavras do próprio H., que avaliza e elucida toda a questão intertextual[130] e, por que não, interdisciplinar dita anteriormente. Vejamos, então, como este narrador tece suas críticas ao filme:

E que é, afinal, o deserto? Aquele que o Lawrence da Arábia contemplou, na fita, durante uma longuíssima noite? É uma cena de efeito seguro, bem pensada, mas, se formos ver, pouquíssimo original. Querer retomar o ilustre e evangélico exemplo do Gethsemane, pode ser eficaz, não nego, mas demonstra pouca imaginação. Foi escrito: "E, saindo, foi, como costumava, para o Monte das Oliveiras; e também os seus discípulos o seguiram. / E, quando chegou àquele lugar, disse-lhes: Orai, para que não entreis em tentação./ E apartou-se deles cerca de um tiro de pedra; e pondo-se de joelhos, orava, / Dizendo: Pai, se queres passa de mim este cálice, todavia não se faça a minha vontade, mas a tua. / E apareceu-lhe um anjo do céu, que o confortava. E, posto em agonia, orava mais intensamente. E o seu suor tornou-se em grandes gotas de sangue, que corriam até o chão. / E, le-

---

130 Cf. este capítulo (parte introdutória).

vantando-se da oração, veio para os seus discípulos, e achou-os dormindo de tristeza./ E disse-lhes: Porque estais dormindo? Levantai-vos e orai, para que não entreis em tentação." (Lucas 22, 39-46) Transposta e sem os discípulos (que no caso citado de Cristo eram doze), É esta a cena de Lawrence, voltando, em agonia, para o deserto, durante uma noite inteira.

(MPC, p. 191-2)

Continuemos, pois, a acompanhar as palavras do narrador, que passam, a ter um tom mais irônico ao se referir propriamente ao episódio bíblico, chegando a imaginar como seria o mundo sem o cristianismo.

De noite, não de dia, que o sol não consentiria o lance dramático, ou torná-lo-ia dramático diferentemente, com Lawrence morto de insolação e tornada impossível a política britânica nas Arábias ou obrigava a esperar outro Lawrence menos contemplativo. O mesmo quanto ao Cristo: se no monte das Oliveiras tivesse Jesus morrido daquela hemorragia que benignamente e não fatalmente o acometeu, haveria depois cristianismo? Não havendo, a história teria sido outra, a história dos homens e das suas obras: tanta gente que não se teria emparedado em celas, tanta gente que teria morrido de diferente morte, não nas santas guerras nem nas fogueiras com que a Inquisição respondia a si própria, ela relapsa, ela herética, ela cismática. Quanto a estas tentativas de autobiografia em forma de narrativa de viagem e de capítulo, estou que haveriam a ser diferentes também.

(MPC, p. 192)

A ironia intensifica-se quando este narrador nos dá dados biográficos sobre Jesus.

[...] Cristo, que significa ungido do Senhor, que designa Jesus, o qual, segundo veneráveis alfarrábicos que tudo são capazes de dizer menos confessar ignorância, nasceu em Belém (entre Pedrouços e a Junqueira), a 25 de Dezembro do ano 4004 do mundo (4963 segundo a *Arte de Verificar as Datas*), no ano 753 de Roma, no 31º. Ano do reinado de Augusto. De Jesus diz esta autoridade que o ano de seu nascimento foi fixado por Dinis, o Pequeno, de grande certeza. Mas, segundo outros cálculos igualmente merecedores de crédito e respeito, a data do dito nascimento (sem pecado nem dor, sem cópula carnal nem rasgamento da vulva) deverá ser reportada a 25 de Dezembro do ano 747 de Roma, seis anos antes da era vulgar. Jesus teria assim vivido realmente 39 anos, e não 33. *Um homem de sorte.*

(MPC, p. 193-4)

Presenciamos, até aqui, a dessacralização do texto bíblico por meio das várias narrativas saramaguianas. Não há, como vimos, em nenhum dos textos referidos supremacia do divino (sequer uma nos foi apontada). Nas várias citações levantadas pudemos perceber a reconstrução do texto bíblico por meio de uma escrita que sempre procurou desmistificar a soberania divina. Mas, talvez, a maior transgressão ao texto bíblico acontece quando, na releitura de episódios bíblicos, homens e mulheres do povo adquirem o papel do próprio Filho de Deus ou o seu poder na efetivação dos sacramentos – batismo e comunhão – e na cerimônia do casamento. Nesses momentos, o texto ficcional se expande em poesia, para assinalar que o divino cabe ao humano.

O casamento de João e Faustina em *Levantado do Chão* acontece naturalmente, sem qualquer preparativo para uma cerimônia religiosa, sequer há a presença de um padre. Este homem e esta mulher estão no campo e será lá mesmo que dirão um ao outro:

> [...] *para não sofreres mais, ou vens comigo para a casa de minha mãe, até eu poder formar casa nossa, e de hoje em diante farei tudo por ti.* [...] *João, para onde tu fores, irei eu também, se prometeres dar-me carinho e fazeres por mim para sempre.* [...] e João Mau-Tempo atou as duas pontas, *Farei por ti enquanto*

> *formos vivos, na saúde e na doença*, e agora apartamo-nos, vai
> cada um por seu lado, e quando chegarmos à vila encontramo-
> -nos para combinar a hora a que havemos de abalar.
>
> (*LC*, p. 68)

João e Faustina terão somente a ajuda da tia de João (Cipriana).

> [...] a noite será de água e muito escura, tomem lá este guarda-
> -chuva, e um bocado de pão e chouriço para comerem pelo ca-
> minho, e tenham juízo para se orientarem no futuro [...]
>
> (*LC*, p. 70)

E, nesta mesma noite, João e Faustina comungaram a repartir o pão e o chouriço, "a primeira refeição de homem e mulher casados à lei da natureza" (*LC*, p. 238), nos dirá mais tarde o narrador.

> João Mau-Tempo levava Faustina pela mão, tremiam-lhes os cas-
> tigados dedos, guiava-a sob as árvores e ao rente dos matos e
> das ervas molhadas, e de repente, sem saberem como aquilo
> aconteceu [...] Em pouco tempo perdeu Faustina a sua donzelia,
> e, quando terminaram, *lembrou-se João do pão e do chouriço, e*
> *como marido e mulher o repartiram*.
>
> (*LC*, p. 70)

Presenciamos no *Memorial do Convento* a uma outra cerimônia de casamento. Desta vez, veremos Baltazar e Blimunda casarem-se também "à luz da natureza".

> Blimunda levantou-se do mocho, acendeu o lume da lareira, pôs
> sobre a trempe uma panela de sopas, e quando ela ferveu deitou
> uma parte para duas tigelas largas que serviu aos dois homens,
> fez tudo isto sem falar, não tornara a abrir a boca depois que per-
> guntou, há quantas horas, Que nome é o seu, e apesar de o padre
> ter acabado primeiro de comer, esperou que Baltasar terminasse
> para se servir da colher dele, era como se calada estivesse res-

pondendo, a outra pergunta, Aceitas para a tua boca a colher de que se serviu este homem, fazendo seu o que era teu, agora tornando a ser teu o que foi dele, e tantas vezes que se perca o sentido do teu e do meu, e como Blimunda já tinha dito que sim antes de perguntada, Então declaro-vos casados. O padre Bartolomeu Lourenço esperou que Blimunda acabasse de comer da panela as sopas que sobejavam, deitou-lhe a bênção, com ela cobrindo a pessoa, a comida e a colher, o regaço, o lume na lareira, a candeia, a esteira no chão, o punho cortado de Baltasar. Depois saiu.

(*MC*, p. 55-6)

Com o casamento de Baltasar e Blimunda efetivam-se três sacramentos[131]: batismo, comunhão e matrimônio: "sangue de virgindade é água de baptismo" (*MC*, p. 75), nos dirá, referindo-se à primeira relação sexual de Blimunda. E, com este mesmo sangue, presenciaremos Blimunda ministrar a comunhão a Baltasar, como se dissesse o implícito: "Este é o meu sangue".

Deitaram-se, Blimunda era virgem. Que idade tens, perguntou Baltasar, e Blimunda respondeu, Dezanove anos, mas já então se tornara muito mais velha. Correu algum sangue sobre a esteira. Com as pontas dos dedos médio e indicador humidecidos nele, Blimunda persignou-se e fez uma cruz no peito de Baltasar, sobre o coração. Estavam ambos nus. Numa rua perto ouviram vozes de desafio, bater de espadas, correrias. Depois o silêncio. Não correu mais sangue.

(*MC*, p. 57)

E, adiante, o narrador nos diz que:

---

131 Ratificamos: o texto bíblico apenas considera a comunhão e o batismo como sacramentos; o casamento passa a ser sacramento por uma "imposição" do papa Gregório VII que proíbe, no século XII, em seu papado, a dissolução do casamento e o consequente divórcio. As atitudes de Alianor de Aquitânia em muito colaborarão para essa decisão papal.

> Talvez ande por aqui obra de outro mais secreto sacramento, a
> cruz e o sinal feitos e traçados com o sangue da virgindade ras-
> gada, [...], Blimunda recolheu da enxerga, entre as pernas, o vi-
> víssimo sangue, e nessa espécie comungaram, se não é heresia
> dizê-lo ou, maior ainda, tê-lo feito.
>
> *(MC*, p. 75)

Continuando o processo de divinização do homem, ou de humaniza-
ção do divino, o autor leva duas personagens de *Levantado do Chão* a
simbolizarem significativamente o próprio Filho de Deus, em dois momentos da vida de Jesus: nascimento e morte. Assim, traz para o texto
ficcional o relato do assassinato de Germano Santos Vidigal – um dos
mártires da luta contra a ditadura portuguesa –, descrito de maneira a
fazer-nos lembrar de toda a via crucis registrada nos evangelhos, como a
declarar a nós, leitores, que esse homem do povo sofreu tanto ao mais
do que o próprio Filho de Deus, e, por isso mesmo, não devemos es-
quecê-lo. Aí está, pois, a escrita saramaguiana a imortalizá-lo, levando
a gerações futuras a lembrança do martírio e da força desse homem.

A descrição da caminhada de Germano Santos Vidigal inclui todos os elementos da via crucis de Cristo: a subida, os guardas, a
Verônica, o calvário.

> Já o encontraram. Levam-no dois guardas, para onde quer que
> nos voltemos não se vê outra coisa, levam-no da praça, à saída da
> porta do sector seis juntam-se mais dois, e agora parece mesmo
> de propósito, é tudo a subir, como se estivéssemos a ver uma fita
> sobre a vida de Cristo, lá em cima é o calvário, estes são os centu-
> riões de bota rija e guerreiro suor, levam as lanças engatilhadas,
> está um calor de sufocar, alto. [...] o cortejo tem agora apenas cem
> metros para andar, lá no alto, vêmo-lo por cima do muro, pendura
> uma mulher na corda um lençol, tinha sua graça se esta mulher se
> chamasse Verónica, mas não, é só Cesaltina e pouco dada a igre-
> jas. Vê passar o homem entre os guardas, segue-o com os olhos,
> não o conhece, mas tem um pressentimento, encosta o rosto ao

lençol húmido como um sudário, e diz para o filho que teima em brincar ao sol, Vamos para dentro.

(*LC*, p. 167)

A crucificação, isto é, a tortura e morte de Germano Santos Vidigal, virá nas páginas seguintes, nas quais o narrador descreverá o processo sofrido por esse homem até à morte, mas esse processo descritivo parte do ponto de vista das formigas, únicas testemunhas da violência[132].

> Agora mesmo caiu um dos homens, fica ao nível das formigas, não sabemos se as vê, mas vêem-no elas, e tantas serão as vezes que ele cairá, que por fim lhe terão decorado o rosto, a cor do cabelo e dos olhos, [...], e de tudo isto mais tarde se farão longas conversas no formigueiro para ilustração das gerações futuras, que aos novos é útil saberem o que vai pelo mundo. Caiu o homem e logo os outros o levantaram de empuxão, [...] o homem que caiu e foi levantado irá morrer sem dizer uma só palavra que seja.
>
> (*LC*, p. 169-170)

E, assim, o narrador atribui às formigas, que presenciavam a tortura, a seguinte constatação:

> [...] Que pálido está este homem, nem parece o mesmo, a cara inchada, os lábios rebentados, e os olhos, coitado dos olhos, nem se vêem entre os papos, tão diferente de quando chegou, mas conheço-o pelo cheiro, que ainda assim é o melhor sentido das formigas.
>
> (*LC*, p. 173)

Por fim, a morte que, mais uma vez, se assemelha às iconografias do Cristo na cruz.

---

132 As formigas representam no discurso de *Levantado do Chão* uma metáfora: elas na narrativa estão como se camponeses fossem.

Germano Santos Vidigal deixa cair os braços, a cabeça descai--lhe para os peitos, a luz apaga-se dentro do seu cérebro.

(*LC*, p. 175)

Entretanto os militares torturadores encenam ardilosamente o suicídio de Germano Santos Vidigal. Para esse fim, contam com a ajuda do médico legista que avaliza o suicídio no atestado de óbito, *lavando as mãos* como já o fizera, na época de Jesus Cristo, o próprio Pilatos.

Nesse momento, a revolta do autor chega a tal ponto que ele não se contém e personifica-se no texto, travando com este médico um diálogo bastante significativo, que, aqui, registramos em sua parte final:

[...] Vá lá em paz, doutor Pilatos, durma em paz com a sua consciência, fornique-a bem, que ela bem os merece, a si e à fornicação, Adeus, *senhor autor*, Adeus, senhor doutor, mas tome um conselho que lhe dou, evite as formigas, sobretudo aquelas que *levantam* a cabeça como os cães, é bicho de muita observação, nem o doutor Pilatos imagina, vai ficar debaixo dos olhos de todos os formigueiros, não tenha medo que não lhe farão mal, é só para ver se um dia a sua consciência lhe põe os cornos, seria a sua salvação.[133]

(*LC*, p. 177)

Germano Santos Vidigal morreu sem ver o fim da ditadura portuguesa. No entanto, a sua luta não foi em vão, vozes haverá que se levantarão pelo "mar interior do latifúndio", e uma delas será a de Maria Adelaide:

A menina está deitada em cima do lençol, bateram-lhe logo que veio ao mundo e nem de tanto precisava por que na sua garganta voluntariamente se estava já formando o primeiro grito da sua

---

133 Outro exemplo da presença do verbo *levantar*.

vida, e há-de gritar outros que hoje nem por sombra deles se imaginarão possíveis [...]

(*LC*, p. 295)

Assim, a esperança de um novo tempo chega, no romance, com o nascimento de Maria Adelaide, filha de Gracinda Mau-Tempo e Manuel Espada, simbolizando a vinda de um novo messias. Para tanto, o discurso romanesco retoma o nascimento de Jesus Cristo descrito nos evangelhos, adaptando-o ao de Maria Adelaide. Já que um novo messias chegou, será natural, portanto, receber a visita dos três reis magos, que neste caso são o avô, João Mau-Tempo; o pai, Manuel Espada; e o tio, Antônio Mau-Tempo, da menina.

> Então vieram os três reis magos. O primeiro foi João Mau-Tempo, veio por seu pé, havia ainda luz de dia, para ele nenhuma estrela seria precisa, e se mais cedo não chegou foi apenas por questões de pudor masculino [...]
>
> (*LC*, p. 296)

Cada rei mago levará um presente para Maria Adelaide. Não será ouro nem incenso nem mirra, mas presentes simples de quem trabalha com a terra, presentes que nasceram da terra: flores. De certo modo, as flores significam mais, pois "um dia as meterão nos canos das espingardas" (*MC*, p. 154), e, assim, o cravo será Revolução.

> Vai pois João Mau-Tempo de mãos vazias, mas em caminho lembra-se de que nasceu o seu primeiro neto, e de um quintal florido arranca uma flor de gerânio, um talo cheio de nós [...]
>
> (*LC*, p. 297)

António Mau-Tempo será o segundo rei a chegar.

> O segundo rei mago chegou já se fechara a noite. [...]. Já a guarda recolheu ao posto, ninguém está ali para apresentar armas

a António Mau-Tempo, era o que faltava, tolo é quem acreditou, mas é em carne e osso um rei mago que desce a rua, sujo como deve estar quem vem de trabalhar, não se lavou, não teve tempo, porém não esquece as suas obrigações e de uma lata caiada que ao lado duma porta está, colhe um malmequer, e para que não murche nos dedos mete-o entre os lábios, alimenta-o de saliva, e quando enfim entra diz, Minha irmã, e dá-lhe o bem-te-quero, é o que há de mais natural, mudarem as flores de nome, como se viu com gerânio e sardinheira, e um dia se verá com cravo.

(*LC*, p. 298)

Enfim, chega o terceiro rei mago, será Manuel Espada que vem ver a filha. Não se orientou por nenhuma estrela, embora a noite estivesse cheia delas, foram dois vaga-lumes que o acompanharam bem de perto, como se abrissem caminho para a sua passagem.

[...] ó grande noite estrelada e imensa, noite noitinha de sustos e de indecifráveis murmúrios, porém, ainda assim, têm os reis magos os seus poderes de Ur e Babilónia, nem doutra arte se explicaria que voem diante de Manuel Espada dois vagalumes, não tem nada que errar, é ir atrás deles como se fossem os dois lados de um caminho [...]

(*LC*, p. 299-300)

Manuel Espada não traz presentes, nem de aqui, nem de além. Estende as mãos e cada uma delas é uma grande flor, diz, Gracinda, não sabe outra palavra, e dá-lhe um beijo na face, um só, [...], e no momento de tais gestos e murmúrios particulares é que Maria Adelaide abre os olhos, parecia mesmo que estava à espera, é a sua primeira habilidade de criança e vê um grande vulto e as grandes mãos abertas, é seu pai [...]

(*LC*, p. 300)

O nascimento de Maria Adelaide representa na narrativa o início de um novo tempo, o bom tempo a substituir o estigma dos Mau-Tempo. O discurso romanesco nos mostra que Maria Adelaide assume o nome Espada de seu pai, deixando para trás a sina familiar – "[...] Maria Adelaide Espada, que é o nome de sua preferência [...]" (*LC*, p. 363). Com ela estava, agora, a arma para lutar. E, por isso, "as sentinelas dos formigueiros gritaram para dentro que estava o sol nascendo" (*LC*, p. 301).

Registramos, aqui, um número bastante significativo de momentos em que o texto ficcional saramaguiano dialoga com o texto bíblico. Tal sedução tomará corpo na escrita de *O Evangelho Segundo Jesus Cristo*, em que mais que alusões é de uma nova versão que se trata: "mas isto seria uma outra história" (*LC*, p. 69) a contar.

O diálogo com a tradição oral

[...] os lugares-comuns, as frases feitas, os bordões, os narizes-de-cera, as sentenças de almanaque, os rifões e provérbios, tudo pode parecer como novidade, a questão está só em saber manejar adequadamente as palavras que estejam antes e depois [...]

José Saramago

Ouça um bom conselho
Que eu lhe dou de graça
Inútil dormir que a dor não passa
Espere sentado
Ou você se cansa
Está provado, quem espera nunca alcança

Chico Buarque de Holanda

Há pouco mais de setenta anos, achava-se o poeta russo Óssip Mandelstam confinado a um campo de concentração stalinista. Além da liberdade perdida (e posteriormente também a vida), tentaram proibi-lo de escrever, não permitindo que tivesse consigo nem lápis nem papel. As forças de repressão esquecem-se de que na Antiguidade Clássica a literatura era basicamente oral; escrever, naquela época, não era essencial, "a palavra tinha muito mais importância do que a escrita: daí o papel decisivo da memória"[134]. Assim, a ausência de lápis e papel não foram empecilhos para que este poeta criasse seus últimos poemas. A exemplo do que já haviam feito os poetas da Antiguidade, Óssip Mandelstam criava seus poemas e os memorizava, passando-os posteriormente para sua mulher Nadezhda quando ia visitá-lo. Ela, por sua vez, também os memorizava para, mais tarde, em local seguro, transcrevê-los, legando às gerações futuras a poesia de seu marido[135].

---

134 Barthes & Bouttes, 1987, p. 267.
135 *Folha de S. Paulo*, caderno Letras, 5 de janeiro de 1991, p. 3.

Antes do advento da escrita, a memória de determinado grupo de pessoas era transmitida através do falar. Aliás, o ato de narrar a outrem algum acontecimento forçava o narrador a organizar mentalmente os fatos e com isso ele exercitava a sua capacidade de armazenar dados, pois a capacidade mnemônica de cada indivíduo está diretamente ligada ao "comportamento narrativo"[136].

Nesse sentido, porém por outras razões, trabalha José Saramago ao buscar na memória do povo português as informações que não estão presentes nos documentos oficiais. Lembremos, pois, o que nos disse o próprio autor, antes de escrever *Levantado do Chão*, ele conviveu, por algum tempo, com os alentejanos a fim de *ouvir*[137] o que tinham para lhe *contar*. "A experiência que passa de pessoa a pessoa é a fonte a que recorreram todos os narradores"[138], nos diz, aliás, Walter Benjamin; e a essas palavras do filósofo alemão acrescentamos as do narrador do *Memorial do Convento*: "para sabermos as coisas é assim que terá de ser, vamo-las dizendo uns aos outros" (*MC*, p. 317).

Nessa perspectiva estrutura-se a narrativa de *Levantado do Chão*, mesclando aos fatos históricos, as narrativas orais presentes na memória dos alentejanos (e o significativo diário de João Domingos Serra). Da mesma forma acontece com o processo narrativo de *Memorial do Convento,* que traz no seu interior muito da tradição oral, quer seja pelos provérbios ou ditados populares, que seja pelas histórias contadas pelo personagem Manuel Milho. Além disso, a própria palavra *memorial* já nos indica que estamos diante de uma história que deve ser conservada na memória. Também nos demais romances haverá fortes vestígios da tradição oral, e, em momento algum, ela estará de fora da escrita saramaguiana.

Voltemos, então, a *Levantado do Chão* para conhecermos mais especificamente as várias histórias que compõem essa narrativa,

---

136 Le Goff, 1984, p. 12.
137 Barthes, 1987, p. 137.
"A história 'quente', em elaboração, é uma história auditiva, o ouvido volta a ser o que era na Idade Média: não apenas o primeiro dos sentidos (antes do tacto e da visão), mas o sentido que funda o conhecimento (como, para Lutero, fundava a fé do cristão)."
138 Benjamin, 1987, p. 198.

histórias vividas e imaginadas. Por isso, encontraremos ao longo de toda a narração vários narradores que estão a nos contar as suas histórias. Não nos devemos esquecer de que este romance possui toda uma estrutura de epopeia e, como tal, segue a tradição épica de múltiplos narradores. Walter Benjamin nos lembra, também, que "a memória é a mais épica de todas as faculdades"; e prossegue: "Mnemosyne, a deusa da reminiscência, era para os gregos a musa da poesia épica. [...]. A reminiscência funda a cadeia da tradição, que transmite os acontecimentos de geração a geração"[139].

A comandar a narrativa de *Levantado do Chão* está o narrador principal (narrador-autor/narrador heterodiegético). Ele próprio se identifica como tal ao explicitar a sua posição de contador de histórias.

> Foi a última vez que Domingos Mau-Tempo saiu de casa. Tornará a aparecer ainda para dizer algumas palavras e ouvir outras, *mas a sua história terminou*. Durante dois anos será maltês.
>
> (*LC*, p. 44)

E, no final do primeiro capítulo, após traçar um resumo da fábula genesíaca, esse narrador dirá: "Mas tudo isto pode ser contado de outra maneira" (*LC*, p. 14).

A presença de tantos narradores, então, traz para a narração a presença significativa do *verbo contar* (ou o *falar* com esse sentido) e dos *substantivos casos, contos*, que se multiplicam no tecer da história.

Para o narrador-autor nada deve estar de fora de sua narrativa, porque, segundo ele, "o nosso mal é julgarmos que só as grandes coisas são importantes, ficamos a falar nelas e depois quando queremos saber como era, quem estava, que foi que disseram, é uma dificuldade" (*LC*, p. 182); metaforicamente reitera essa ideia ao assinalar que "também de pedra miúda se faz o muro e de espigas separadas a seara" (*LC*, p. 279). Fica claro que não é possível dizer o todo excluindo as partes que o compõem, sejam elas pequenas e aparentemente insignifican-

---

139 *Ibidem*, p. 211.

tes. Parece-nos, assim, que essa concepção de narrador em relação à narrativa assemelha-se ao pensamento de Walter Benjamin. Segundo ele: "O cronista que narra os acontecimentos, sem distinguir entre os grandes e os pequenos, leva em conta a verdade de que nada que um dia aconteceu pode ser considerado perdido para a história"[140].

Essa consciência de que nada deve estar de fora, ou melhor, de que todo o acontecimento é passível de ser narrado angustia o narrador, pois, paradoxalmente, ele sabe que dizer tudo não é possível. Haverá sempre o que escolher entre um e outro fato, entre um e outro caminho a seguir, enquanto tece a sua narrativa. Dois momentos de *Levantado do Chão* exemplificam claramente a posição do narrador diante de tal impasse.

> Todos os dias têm a sua história, um só minuto levaria anos a *contar*, o mínimo gesto, o descasque miudinho duma palavra, duma sílaba, dum som, para já não falar dos pensamentos, que é coisa de maior estofo, pensar no que se pensa, ou pensou, ou está pensando, e que pensamento é esse que pensa o outro pensamento, não acabaríamos nunca mais.
>
> (*LC*, p. 59)

> Estão aqui, quantas, vinte pessoas e cada uma delas seria uma história, nem se imagina, anos e anos a viver é muito tempo e muito caso, se cada um escrevesse a sua vida, que grande biblioteca, teríamos de levar os livros para a Lua e quando quiséssemos saber quem Fulano é ou foi, viajaríamos pelo espaço a descobrir aquele mundo, não a Lua, mas a vida. Dá vontade, ao menos, de voltar atrás e *contar* por miúde a vida e o amor de Tomás Espada e Flor Martinha, se não fossem as urgências destes acontecimentos [...], seriam capítulos extensíssimos como o latifúndio que parece em redor de Monte Lavre um mar.
>
> (*LC*, p. 218-9)

---

140 BENJAMIN, 1987, p. 223.

O narrador-autor introduz, como fora dito, outros narradores. Entre eles destacam-se António Mau-Tempo e Sigismundo canastro como narradores secundários. Outros há, no entanto, de menor participação. Esses narradores aparecem em um nível hipodiegético[141], pois as suas histórias estão inseridas na própria história do narrador-autor. Esse processo narrativo em muito nos lembra as histórias narradas por Sherazade, que intercalava outras histórias em meio à história que ia narrando, como se estivesse acrescentando elos a uma corrente que parecia não ter fim: ah! Isto me lembra uma outra história... O que vem a nos dar mais um indício das fortes raízes de *Levantado do Chão* na tradição oral.

António Mau-Tempo é um grande *contador* de casos. Poderíamos compará-lo, por exemplo, ao narrador das *Histórias de Alexandre* de Graciliano Ramos, principalmente no que tange às suas histórias de caça e caçadores. Sobre António o narrador nos diz: "Será *grande contador de histórias*, vistas e inventadas, vividas e imaginadas, e terá a arte suprema de apagar as fronteiras entre umas e outras" (*LC*, p. 124).

Dito isso, o narrador acrescenta, ainda, uma pequena biografia de António, e, em seguida, lhe dá voz para que ele possa contar os casos do anarquista José Gato. Em seu relato, a exemplo do que acontecera a Sherazade, um caso desperta outro e, dessa forma, a todos António vai narrando.

> Quando os conheci, já o José Gato era o chefe, nem acredito que outro se abalançasse estando ele. O mais que roubavam, eram porcos, que nisso é a terra farta. Roubaram para comer, e também para vender, claro está, que um homem não se governa só com aquilo que come. Naquela altura tinha um barco fundeado no Sado, era ali o talho deles. Matavam os animais, e conservavam-nos na salgadeira, para as faltas. *A propósito de salgadeira, há até um caso que vou contar*, faltou-se-lhes

---

141 Reis & Lopes, 1987.

uma vez o sal, estava-se nisto, como é que vai ser, como é que não vai ser, e o José Gato, que era homem só falador quando preciso, disse ao Parrilhas que fosse buscar sal às marinhas.

(*LC*, p. 126)

Chega, até mesmo, a interromper um caso começado por ter se lembrado de outro mais "urgente".

Boa, então, foi a do Marcelino, vou *contar* agora. O Marcelino era o feitor de Vale de Reis e tinha uma famosa espingarda que o patrão lhe comprou para, se encontrasse alguém do José Gato a roubar, pregar-lhe um tiro. *Mas antes deste caso ainda quero contar um outro* [...]

(*LC*, p. 130)

E assim António Mau-Tempo continua emendando um caso ao outro ao longo de nove páginas consecutivas. Afinal tinha muito o que contar de suas andanças.

António Mau-Tempo não contará apenas histórias para deleite de seus ouvintes. Seu discurso era sempre profundamente político, porque este homem do Alentejo sabia ler o mundo que o envolvia. Num desses momentos, consciente da sua realidade, António Mau-Tempo interrompe a fala do padre Agamedes na festa de casamento de sua irmã Gracinda, e como "mandador das falas" alerta os outros camponeses alentejanos que ali estavam para as armadilhas existentes no discurso da Igreja. António conta, então, a revolta do quartel, e como a união de muitos soldados pôde vencer a atitude arbitrária de um único comandante. A lição dada por António Mau-Tempo, por meio de sua fala revolucionária, seria, efetivamente, apreendida pelos ouvintes. Afinal, "o narrador é um homem que sabe dar conselhos"[142]. E certamente, desse dia em diante, esses homens e essas mulheres não seriam mais os mesmos.

---

142 BENJAMIN, 1987, p. 221.

Ainda na festa do casamento de Gracinda, levanta-se outro narrador. Dessa vez será Sigismundo Canastro que irá contar a história de seu cão Constante.

> Agora *levantou-se* Sigismundo Canastro [...], diz que vai *contar* uma história que não é parecida com a de António Mau-Tempo, mas talvez seja igual, porque isto de histórias e casos, procurando bem, acabamos sempre por lhes encontrar igualdade, ainda que pareça impossível, [...], *Há muitos anos, andava eu à caça, deu-se um caso*, ora que tal disseste, *história de perdizes, tanto mentes quanto dizes* [...][143]
>
> (*LC*, p. 227-8)

Histórias como essas há, também, no *Memorial do Convento*. Nesta narrativa nos defrontaremos com outros tantos narradores saramaguianos comandados também pelo narrador-autor. Muitos desses narradores são pessoas simples do povo que ganham voz dentro da narrativa. Aliás, pelo que vimos até aqui, essa é uma característica da obra de José Saramago. Assim, os verdadeiros construtores de Mafra, homens simples de diversas províncias portuguesas, nos contam a sua origem e como chegaram a Mafra para trabalhar nas obras do convento. Cada homem tem a sua história, já nos dissera o narrador de *Levantado do Chão*. Sendo impossível dar voz a todos os trabalhadores de Mafra, pois já vai longe o tempo em que lá viveram, o narrador-autor escolhe, em meio aos seus personagens ficcionais, sete homens para representá-los. Ouçamos, então, um pouco da história de cada um.

> [...] *O meu nome é Francisco Marques*, nasci em Cheleiros, que é aqui perto de Mafra, umas duas léguas, tenho mulher e três filhos pequenos, [...], resolvi vir trabalhar para o con-

---

143 Há nesta citação um ditado popular: "História de perdizes, tanto mentes quanto dizes". Ratificamos, ainda, a presença do verbo levantar e contar.

vento, que até foi um frade da minha terra o da promessa, *segundo ouvi contar* [...]

(*MC*, p. 233)

[...] *O meu nome é José Pequeno*, não tenho pai, nem mãe, nem mulher que minha seja, [...], se a Mafra vim foi porque gosto de trabalhar com bois, os bois andam emprestados neste mundo, como eu, não somos de cá [...]

(*MC*, p. 233-4)

[...] *Chamo-me Joaquim da Rocha*, nasci no termo de Pombal, lá tenho a família, [...], tinha lá um cerrado de renda, mas o ganho não dava para comer, então disse à mulher, vou para Mafra [...]

(*MC*, p. 234)

[...] *O meu nome é Manuel Milho*, venho dos campos de Santarém, um dia os oficiais do corregedor passaram por lá com pregão de haver bom jornal e bom passadio nestas obras de Mafra, vim eu, e mais alguns, [...]

(*MC*, p. 234)

[...] *O meu nome é João Anes*, vim do Porto e sou tanoeiro, [...], sobre a minha vida não tenho muito a dizer, deixei a família no Porto, lá se vão governando, há dois anos que não vejo a mulher [...]

(*MC*, p. 234)

[...] *O meu nome é Julião Mau-Tempo, sou natural do Alentejo* e vim trabalhar para Mafra por causa das *grandes fomes de que padece a minha província*, nem sei como esta gente viva, se não fosse termo-nos acostumado a comer de ervas e bolota [...]

(*MC*, p. 235)

[...] O meu nome é Baltasar Mateus, todos me conhecem por *Sete-Sóis*, [...], mas eu não sei desde quando e porquê nos meteram os sete sóis em casa, [...], o certo é ter nascido aqui, há quarenta anos feitos [...]

(*MC*, p. 235)

Quatro desses homens estavam juntos a centenas de outros trabalhadores que foram a Pêro Pinheiro buscar a pedra imensa para formar a laje da varanda do pórtico da basílica. Eram eles: Baltasar Sete-Sóis, José Pequeno, Francisco Marques e Manuel Milho. O percurso de ida e volta, como sabemos, consumiu oito dias inteiros. À noite, quando paravam para descansar, esses homens e alguns outros podiam *ouvir a história contada* por Manuel Milho.

A lua nasceu mais tarde, muitos homens já dormiam, [...]. Baltasar fora à procura de José Pequeno, os dois encontraram Francisco Marques, e, com mais alguns, arrumaram-se em redor duma fogueira, que a noite arrefecia. *Mais tarde chegou-se-lhes Manuel Milho que lhes contou uma história* [...]

(MC, p. 251)

Essa história era interrompida sempre num momento de clímax, tal como acontecia nas histórias contadas por Sherazade ao sultão Shariar. Além do prazer natural que há sempre em ouvir história, o ouvinte, nesse caso, sentia-se ainda mais seduzido pelo suspense que a interrupção provocava. São armadilhas do narrador para aguçar ainda mais o desejo, enquanto espera pela chegada da outra noite. Não é dessa maneira que hoje se comporta a televisão para prender a atenção da maioria de seus espectadores?

Manuel Milho conta a história de uma rainha e de um ermitão dividida em quatro partes (noites) para deleite de seus ouvintes, entre os quais nós, naturalmente, nos incluímos. Nessa fábula, a rainha e o ermitão questionam o que era ser homem e mulher. Assunto complicado para um homem simples como Baltasar entender. Por isso, ele a compara às tradicionais histórias infantis que todos nós ouvimos contar e que depois passamos a contar também, como a identificar nela algo de especial.

> [...] Essa história não tem pés nem cabeça, não se parece nada com as histórias que se *ouvem contar, a da princesa que guardava patos, a da menina que tinha uma estrela na testa, a do lenhador que achou uma donzela no bosque, a do touro azul, a do diabo do Albufeiro, a da bicha-de-sete-cabeças* [...]
>
> (*MC*, p. 255)

No dia da morte de Francisco Marques não houve história. Entretanto, na noite imediatamente posterior, Manuel Milho retoma e diz aos seus ouvintes que a rainha desapareceu com o ermitão, deixando o rei enfurecido: seria essa a forma de ficcionalizar o desagravo ao poder? Nessa noite o protesto parte de José Pequeno: "Nunca se ouviu história assim, em bocadinhos", e Manuel Milho diz: "Cada dia é um bocado de história, ninguém a pode *contar* toda" (*MC*, p. 262).

Todos os dias, mesmo involuntariamente, ouvimos e (ou) narramos algum fato acontecido. Na maioria das vezes referem-se ao nosso cotidiano. São histórias nas quais nos tornamos personagens reais ou meros espectadores. Com isso vamos transmitindo a outras pessoas o que ouvimos ou presenciamos. Muitos dos ouvintes de Manuel Milho (e por que não dizer todos) contariam certamente para alguém a história que ouviram no caminho de Pêro Pinheiro a Mafra. Aliás, mesmo que não tivessem ouvido história alguma, muito já teriam que contar desta difícil caminhada: a morte de Francisco Marques seria apenas um exemplo. E, assim, as histórias vão passando de geração a geração, muitas vezes sem terem sequer sido escritas.

Temos um bom exemplo disso em *O Ano da Morte de Ricardo Reis*, quando veremos um velho analfabeto esclarecer a origem do apelido Seiscentos Maluco atribuído a um carroceiro de Lisboa, simplesmente porque vivia na cidade naquela época e não se esquecera do que havia presenciado. "Os velhos sabem bem do que falam, é um erro pensar que com a velhice se perde a memória" (*RR*, p. 205), nos diz o narrador sobre este velho e seu amigo[144].

José Saramago procura também registrar as histórias infantis ao longo de sua obra. Há pouco, vimos Baltasar Sete-Sóis lembrar-se de histórias infantis gravadas em sua memória. As músicas infantis e as cantigas populares estão também presentes em sua escrita. Nada escapa aos olhos desse escritor que sabe ler o seu mundo, e é capaz de captá-lo no mínimo gesto. Vejamos, então, dois registros de cantigas infantis encontradas em *O Ano da Morte de Ricardo Reis*:

> O hotel está em grande silêncio, é o *palácio* da *Bela Adorme-cida*, donde já a Bela se retirou ou onde nunca esteve, e todos dormindo, [...], de repente soou o distante besouro da entrada, deve ser o príncipe que vem beijar a Bela, chega tarde, coita-do, *tão alegre que eu vinha e tão triste que eu vou, a senhora viscondessa prometeu-me, mas faltou*. É uma cantilena infantil, vinda da memória subterrânea [...]
>
> (*RR*, p. 50)

> [...] as meninas cantam, *Fui ao jardim da Celeste, o que foste lá fa-zer, fui lá buscar uma rosa*, e outra podia ser a cantiga, nazarena, *Não vás ao mar Tonho, ai Tonho Tonho*, que desgraçado tu és [...]
>
> (*RR*, p. 411)

Não faltará também a música popular de protesto, representada em *Levantado do Chão* através de um verso parodiado de Grândola de Zeca Afonso: "O povo é quem mais ordena, Grândola, Vila Morena". No ro-

---

144 "Agora o Seiscentos Maluco é carroceiro e anda sempre à briga com os colegas de antigamente, que lhe fazem o mesmo que ele fazia os outros, *Lá diz o ditado antigo, ninguém faça o mal à conta de que lhe venha bem*, foi este o remate do velho que não sabia ler, *por isso tem mais necessidade de fórmulas de sabedoria condensadas*, para uso imediato e efeito rápido, como os purgantes. Ricardo Reis está sentado no mesmo banco, é raro acontecer, mas desta vez todos os outros estão ocupados, percebeu que o extenso diálogo dos velhos era para seu benefício, e pergunta, E essa alcunha de Seiscentos Maluco, donde é que lhe veio, ao que *o velho analfabeto responde*, o número dele da Carris era o seiscentos, puseram-lhe o nome de maluco por causa de tal mania, ficou Seiscentos Maluco, e foi bem posto, Não há dúvida." (*RR*, p. 347-8)

mance a música[145] insere-se da seguinte forma: "Quem mais ordena não é que mais pode, quem mais pode não é quem mais parece" (*LC*, p. 119).

Outra marca da tradição oral na obra de José Saramago são os provérbios, ditados populares. Essas "fórmulas de sabedoria condensadas" (*RR*, p. 347) são abundantes em todas as suas narrativas, sobretudo em *Levantado do Chão* e *História do Cerco de Lisboa*. Abordar, no entanto, esses lugares-comuns faz-se necessário percorrer, embora resumidamente, a trajetória da tradição oral a partir da Antiguidade.

Na Grécia arcaica, o saber era transmitido oralmente. Os gregos reconheciam que o bom narrador ou o bom orador era aquele capaz de memorizar tudo que preciso fosse. A memória era um dom natural, um dom precioso, fazia-se necessário, portanto, cultivá-lo. Lembrar dos fatos ou poemas recorrendo apenas à memória era mais dignificante. Assim, Platão, no *Fedro*, faz severas críticas ao alfabeto (a escrita), pois, segundo ele, os homens confiados no que escrito estava deixariam de exercitar a memória.

Na Idade Média, no entanto, "há um equilíbrio entre memória oral e memória escrita, intensificando-se o recurso ao escrito como suporte da memória"[146]. Esses escritos eram compostos basicamente de citações, funcionando como pistas da memória, que estariam à disposição do narrador sempre que preciso. Segundo Paul Zumthor, o uso da citação era uma prática medieval tradicional que trabalhava sobre dois registros: o provérbio e o ditado (o texto do saber comum) e um poema mais antigo[147]. O uso, aí, do lugar-comum, além de necessário, era um "processo precioso de persuasão"[148] e uma garantia do sucesso do orador, pois, nessa época, a originalidade não era um valor fundamental; privilegiava-se muito mais a habilidade do orador. Aliás, na Idade Média, "saber de cor é saber"[149]. Até o aparecimento efetivo da imprensa esta situação paralela entre transmissão oral e transmissão escrita perduraria.

---

145 Grândola de Zeca Afonso, além de tudo que representa, foi a senha segunda para o início da Revolução dos Cravos em 25 de abril de 1974.

146 LE GOFF, 1984, p. 29.

147 ZUMTHOR, 1976, p. 323.

148 BARTHES & BOUTTES, 1987, p. 226.

149 LE GOFF, 1984, p. 30.

Com a chegada dos "tempos modernos", entretanto, os valores seriam outros: passou-se a privilegiar o original. Repetir, como se fazia na Idade Média, era sinal de incultura. No entanto, paradoxalmente, o original, com o uso, transforma-se em lugar-comum que precisa ser, então, deixado de lado.

Hoje, a literatura contemporânea tem consciência desse paradoxo e procura conciliar em seu interior a força da tradição e as novas tendências. Dessa forma age a escrita saramaguiana ao dialogar com determinados lugares-comuns, como são os provérbios. Já vimos que o narrador de *Jangada de Pedra* afirma que é "grande a força da tradição" (*JP*, p. 207). Além disso, há certos momentos em que não há outra maneira de se expressar, e, por isso, "aceitem-se os lugares-comuns, que melhor dizem que mil palavras raras" (*MPC*, p. 183). "Há até quem dessa sabedoria viva, e é feliz, e não morre por isso" (*LC*, p. 92), como é o caso do velho analfabeto de *O Ano da Morte de Ricardo Reis*, que traz em sua memória essas fórmulas de sabedoria condensadas[150].

Com a presença dos provérbios e ditados populares em sua obra, José Saramago está, uma vez mais, recuperando parte da História, já que "os provérbios são ruínas de antigas narrativas"[151]. Ruínas que se apresentam como a síntese de tais narrativas: a linguagem concisa dos provérbios e ditados populares carrega implicitamente uma história que se condensou em uma expressão de efeito moral ou didático.

> [...] Maria teria dito, *Há mouro na costa*, expressão histórica e popular duma substancial desconfiança originada nos tempos em que os mouros, já então varridos da terra portuguesa, vinham assolar as nossas costas e vilas marinheiras, e hoje redu-

---

150 Observemos a coerência estabelecida entre os textos; é possível, inclusive unir as sentenças (aqui exemplificadas) dos romances num só período: É "grande a força da tradição", por isso, "aceitem-se os lugares-comuns, que melhor dizem que mil palavras raras"; "há até quem dessa sabedoria viva, e é feliz, e não morre por isso".

151 Benjamin, 1987, p. 221.

zida a mera reminiscência retórica, porém de alguma utilidade, como acaba de ver-se.

(HCL, p. 217)

Os provérbios e ditados populares aparecem, na maioria das vezes, transcritos literalmente em meio ao discurso ficcional com uma proposta de leitura regularmente paródica. Em alguns momentos, são ligeiramente adaptados às necessidades do discurso ficcional, ou, até mesmo, completamente transgredidos, transformando-se em antiprovérbios. Selecionamos um número bastante expressivo desses lugares-comuns, recolhendo de cada obra alguns dos seus representantes.

> António esquecera (ou decidira esquecer) que *não se fala de corda em casa de enforcado*, que não se fala de "retratinhos" a quem só os faz, e outras coisas não.
>
> *(MPC*, p. 124)

> Dizem que *Deus escreve por linhas tortas*, e eu diria que essas são precisamente as que ele prefere [...]
>
> *(MPC*, p. 231)

> *Cesteiro que faz um cesto, faz um cento; ninguém diga desta água não beberei; tantas vezes vai o cântaro à fonte, que por fim lá deixa a asa.*
>
> *(MPC*, p. 246)

> E disse João Mau-Tempo, Já sou um homem, fui às sortes, e se a minha vida tiver de levar outro rumo, *o que há-de fazer-se pelo tarde, faz-se pelo cedo.*
>
> *(LC*, p. 68)

> *Candeia que vai adiante, alumia duas vezes, vale mais um toma do que dois te darei*, com estes ditos se entretêm as

pessoas, há até quem só dessa sabedoria viva, e é feliz, e não morre por isso.

(*LC*, p. 92)

[...] *os filhos da minha filha meus netos são, os do meu filho serão ou não*, ninguém se livra de malícias populares [...]

(*LC*, p. 297)

E diz Alberto, *Vão-se os anéis e ficam os dedos*, se deixarmos o trigo este ano no chão, não será isso que levará a casa à ruína.

(*LC*, p. 305)

[...] afinal viver no campo não dá vida acrescentada, são invenções da cidade, é como aquele regradíssimo ditado, *Deitar cedo e cedo erguer, dá saúde e faz crescer* [...]

(*LC*, p. 328)

[...] até donos de terras se levantaram cedo para estarem presentes ao nascer do dia, *quem o seu não vê o diabo o leva* [...]

(*LC*, p. 338)

Não é verdade que a mão esquerda não faça falta. Se Deus pode viver sem ela, é porque é Deus, um homem precisa das duas mãos, *uma mão lava a outra, as duas lavam o rosto* [...]

(*MC*, p. 89)

[...] enfim estava o corpo querendo alimento, ali mesmo comeram dos doces que traziam nos alforges, *quem vai à guerra empadas leva* [...]

(*MC*, p. 94)

[...] Aqui me traz minha pena com bastante sobressalto, porque *quem voa mais alto, a mais queda se condena* [...]

(*MC*, p. 99)

Enferrujam-se os arames e os ferros, cobrem-se os panos de mofo, destrança-se o vime ressequido, *obra que em meio ficou não precisa envelhecer para ser ruína.*

(*MC*, p. 141)

[...] *quem corre de gosto não cansa*, dizem, mas Baltasar chegou cansado e ninguém o obrigou a ir, se calhar, quem inventou o *ditado* tinha alcançado a ninfa e gozado com ela [...]

(*MC*, p. 222)

[...] É o senhor Escarlate que está a tocar, é bem verdade que *pelo dedo se conhece o gigante*, isto dizemos nós, uma vez que existe o *provérbio* e vem a propósito.

(*MC*, p. 223)

Diz-se que *uma desgraça nunca vem só*, e costuma ser verdade, diga-o qualquer de nós [...]

(*MC*, p. 259)

[...] não é todos os dias que se ordena a ampliação de um convento de oitenta frades para trezentos, *o mal e o bem à face vem*, diz o povo, neste caso de hoje veio o melhor.

(*MC*, p. 283)

[...] e se é verdade que *na ocasião se faz o ladrão*, também se pode fazer a revolução [...]

(*RR*, p. 59)

[...] talvez mais cansado ainda por não ter podido falar com Marcenda, muitas vezes acontece, *mais fatiga o que não se faz, repousar é tê-lo feito.*

(*RR*, p. 138)

[...] é certo que pode haver outras poderosas razões, biológicas, por assim dizer, como estar Lídia com as suas regras, o período, com os ingleses, segundo o *dito popular, chegaram à barra os casacas vermelhas* [...]

(*RR*, p. 167)

[...] se são verdadeiros os *rifões, atrás de tempo tempo vem, são mais as marés que os marinheiros, ninguém sabe para o que está guardado, Deus é o administrador do futuro e não dá parte das suas intenções a jeito de nos precavermos* [...]

(*RR*, p. 175)

[...] *o silêncio é de oiro e o calado é o melhor.*

(*RR*, p. 372)

[...] galões para toda a gente, e assim se poupará no jantar, *quem não come por ter comido, diz o povo, não tem doença de perigo* [...]

(*RR*, p. 235)

[...] *quem tem boca vai a Roma*, e da Cidade Eterna ao Alto de Santa Catarina não dista mais que um passo.

(*RR*, p. 277)

[...] É preciso estar muito cego para não ver como todos os dias as parcas nos acabam, Como diz o vulgo, *não há pior cego que aquele que não quer ver.*

(*RR*, p. 333)

[...] e esse foi o caso do Negus, que teve em Inglaterra uma imponente recepção popular, bem certo é o *rifão* que diz, *Depois do burro morto, cevada ao rabo* [...]

(*RR*, p. 350)

[...] muito justo é o *ditado, Todo o pássaro come trigo, só o pardal é que paga* [...]

(*JP*, p. 33)

[...] citando, cada qual na sua língua, o conhecido *ditado ibérico, Os amigos são para as ocasiões.*

(*JP*, p. 43)

[...] a acreditar no *ditado* que diz, *Cão que ladra não morde* [...]

(*JP*, p. 170)

[...] uma actualização macroeconómica do velho *ditado, Onde comem dois, comem três*, conhecida resignação aritmética e familiar de quando se espera um filho [...]

(*JP*, p. 212)

Diz-se e insiste-se que *há males que vêm por bem* [...]

(*JP*, p. 242)

[...] *Quem se deita sem ceia, toda a noite rabeia* [...]

(*JP*, p. 255)

[...] *Não suba o sapateiro acima da chinela*, frase histórica [...][152]

(*HCL*, p. 14)

[...] Conhece o *rifão, se não tens cão caça com o gato* [...]

(*HCL*, p. 15)

---

152 Este ditado popular, a exemplo de outro que aqui citamos a seguir – "Quem o seu inimigo poupa, às mãos lhe morre" –, aparece sempre que necessário no discurso de *História do Cerco de Lisboa*, às vezes com pequenas modificações ou apenas aludidos; pois a ideia expressa em cada um reflete bem a proposta apresentada pelo discurso ficcional:
a) "Não suba o sapateiro acima da chinela" era uma advertência a Raimundo Silva;
b) "Não é a qualidade do pano que evita as nódoas" era uma referência ao antigo discurso oficial que se diz absoluto.

[...] de bom conselho é o *provérbio* que previne, *Quem o seu inimigo poupa, às mãos lhe morre* [...]

(*HCL*, p. 21-2)

É sabido que *não é a qualidade do pano que evita as nódoas,* diz-se que é no melhor deles é que a nódoa cai [...]

(*HCL*, p. 24)

[...] *gato escaldado de água fria tem medo,* o cão também.

(*HCL*, p. 71)

[...] é verdade que as palavras necessitam palavras, por isso se diz *Palavra puxa palavra,* mas também é certo que *Quando um não quer dois não discutem* [...]

(*HCL*, p. 86)

[...] este foi um episódio do qual nem sequer vale a pena dizer que *depois de casa roubada* trancas à porta [...]

(*HCL*, p. 106-7)

[...] *nem sempre sardinha nem sempre galinha* [...]

(*HCL*, p. 139)

[...] *Guardado está o bocado para quem o há-de comer,* e prudentemente mandou recolher os alimentos para que se não tivesse de inventar tão cedo outro *ditado, Barriga de pobre, antes rebentar que sobre* [...]

(*HCL*, p. 249)

[...] *soldado morto, soldado posto* [...]

(*HCL*, p. 282)

[...] *Longe da vista, longe do coração* [...]

(*HCL*, p. 290)

ANTIPROVÉRBIOS

[...] Sou a escrava do senhor, faça-se em mim a sua vontade, e feita está, homem, eis-me grávida, pejada, prenhe, vou ter um filho, vais ser pai, não tive sinais, Não faz mal, *onde não comem sete, não comem oito*.

(*LC*, p. 33)

[...] João Mau-Tempo por costume tão inquieto, *como quem nada teme embora alguma coisa deva*.

(*LC*, p. 205)

[...] Sigismundo Canastro conhece bem o sítio, João Mau-Tempo não tanto, mas *um homem mesmo sem boca vai a Roma*.

(*LC*, p. 207)

[...] não há noventa e seis, mas *quem procura sempre alcança* [...]

(*LC*, p. 78)

[...] seja a ordem resistir até ao último homem, daremos ao mundo o exemplo do que valem portugueses, trai a pátria quem recuar um passo, enfim, *vão-se os dedos e fiquem os anéis* [...]

(*LC*, p. 324)

[...] *não vão todos os caminhos dar todos a Roma*, mas ao corpo.

(*MC*, p. 91)

Nunca se sabe quando agasalhos rendem mercês e, não sendo casa de visconde hospedaria, vale a pena, em todo caso, *fazer o bem olhando a quem*.

(*MC*, p. 223)

[...] *uma andorinha, passando trasviada, não fez a primavera, enganou-se na estação* [...]

(*RR*, p. 187)

[...] *deitar tarde e cedo erguer, saúde não dá, mas alonga o viver.*

(*JP*, p. 62)

Todos nós, de um modo ou de outro, gostamos de ouvir histórias. Desde muito cedo somos seduzidos pelas histórias contadas por nossas mães e avós. Com o passar do tempo a sedução aumenta, pois podemos ter em nossas mãos o livro. E a sedução por escrito consegue ser muito mais envolvente[153], visto que há uma liberdade muito maior entre o narrador e o ouvinte (o leitor), e, acima de tudo, há a consciência de que nenhuma leitura é definitiva: se um texto nos seduziu provavelmente voltaremos a lê-lo na certeza de sempre descobrir algo novo. Não terá sido essa a razão que levou Borges a ler sessenta e quatro vezes *Os Sertões* de Euclides da Cunha? E, agora, nós nos perguntamos: quantas vezes vamos reler a ficção de José Saramago?

---

153 Perrone-Moysés, 1990, p. 18-9.
A forma mais tradicional da sedução é a oral: os discursos sussurrados ao ouvido, tendo por modelo mítico o canto das sereias, que desviavam fatalmente os navegantes de sua rota. *E a sedução por escrito? A escrita sedutora é ainda mais perversa do que a fala sedutora, porque pretende agir sobre um interlocutor ausente, porque mexe com todos os desejos vagos, múltiplos que a linguagem é capaz de mobilizar e atingir por ela mesma.*

Saramago conversa com Saramago

> Nada se deve escrever uma vez só.
>
> José Saramago

A leitura de *Manual de Pintura e Caligrafia* nos mostrou que esta narrativa fornece pistas a serem seguidas nas demais narrativas de José Saramago. Lá está, como vimos, uma marca "precoce" dos romances *Levantado do Chão* – a luta dos trabalhadores rurais – e *Memorial do Convento* – "o encontro com o holandês voador" (*MPC*, p. 48) –, mas, sobretudo, a preocupação com o processo de produção literário.

Além disso, vamos percebendo, ao longo das várias leituras que empreendemos, dessas e de outras narrativas de José Saramago, que também é forte a memória intratextual em sua obra: um texto nos remete a outro num diálogo ininterrupto da escrita e da História. Saramago deixa claro com esse procedimento que a História é contínua e não fragmentada. Nenhum fato é ele só, nenhum fato é apenas consequência das causas imediatas que o rodeiam, mas de todo um passado que, de certa forma, o construiu. Demonstrar, então, que os problemas do Alentejo com a fome são muito mais antigos do que se pensa, não seria a razão para a presença de Julião Mau-Tempo no *Memorial do Convento*?

> [...] O meu nome é Julião Mau-Tempo, sou natural do Alentejo e vim trabalhar para Mafra por causa das grandes fomes de que padece a minha província, nem sei como esta gente viva, se não fosse termo-nos acostumado a comer de ervas e bolota, estou que já teria morrido tudo, [...], nenhum dos meus filhos tem os olhos azuis, mas tenho a certeza de que são todos meus filhos, isto de olhos azuis é coisa que aparece de vez em quando na família, já a mãe da minha mãe tinha os olhos desta cor [...]
>
> (*MC*, p. 235-6)

Devemos considerar, ainda, que as convicções deste autor a respeito da vida e da literatura são sólidas, fundamentadas, e não efêmeras ou que se vão com o vento. Segundo Horácio Costa, estas "famílias" literárias – estruturas narrativas, temas e situações, personagens e outras constantes composicionais – fazem parte do universo literário de um grande escritor; e nada mais natural que migrarem de uma obra para outra[154].

Por outro lado, não seria essa a maneira de incitar o leitor, atento à leitura, a ir em busca dos outros textos por meio das pistas sugeridas? O próprio Saramago admite gostar muito desse tipo de intervenção em suas obras, ora feita pelos narradores, ora feita por ele próprio[155], numa tentativa, talvez didática, de abrir os olhos desse leitor para o processo de produção, como se dissesse: caro amigo (leitor), a minha obra literária não se restringe a esse volume que tens nas mãos; ou, ainda, nenhum texto é ele só, a literatura é essencialmente intertextual, não se esqueça.

Continuemos, pois, a seguir algumas dessas pistas. O personagem Ricardo Reis está presente em *Levantado do Chão*, ajudando, em sua cassa, o personagem de João Mau-Tempo recém-saído da prisão, e antecipando, provavelmente, a sua tentativa, só aparentemente inócua, de ultrapassar os limites de observador do espetáculo da vida num romance futuro – *O Ano da Morte de Ricardo Reis*.

> [...] Ponha-se à vontade, e logo a seguir, Como é que se chama, e João Mau-Tempo já está sentado, entra-lhe no corpo uma fadiga repentina, mas diz o nome, e o outro retribui, Eu chamo-me Ricardo Reis [...]
>
> (*LC*, p. 264)

Já em *O Ano da Morte de Ricardo Reis* encontramos várias referências ao *Memorial do Convento*, romance que foi publicado anteriormente. Recolhemos do *Memorial* três exemplos que estão a nos falar de D. João V, do padre Bartolomeu Lourenço e da etérea Blimunda.

---

154 Costa, 1990, p. 176.
155 Saramago, JL, 18 de abril de 1989, p. 9.

Eis o antigo Largo de S. Roque, e a igreja do mesmo santo, [...], dentro desta famosa igreja é que está a capela de São João Baptista, a tal que foi encomendada a Itália pelo senhor D. João V, tão renomado monarca, rei pedreiro e arquitecto por excelência, haja vista o convento de Mafra [...]

(*RR*, p. 62)

[...] são tudo coisas do céu, aviões, passarolas ou aparições. Não sabe por que lhe veio à ideia a passarola do padre Bartolomeu Gusmão, primeiro não soube, mas depois, tendo reflectido e procurado, [...], por tudo ser brasileiro, para o padre voador, finalmente chegando à passarola que o imortalizou, cuja não voou nunca, mesmo que alguém tenha dito ou venha a dizer o contrário.

(*RR*, p. 339)

[...] porque este nome de Marcenda não o usam mulheres, são palavras doutro mundo, doutro lugar, femininos mas de raça gerúndia, como Blimunda, por exemplo, que é nome à espera de mulher que o use, para Marcenda, ao menos, já se encontrou, mas vive longe.

(*RR*, p. 352-3)

Em *História do Cerco de Lisboa*, encontraremos novamente a presença do nome Marcenda. Agora o autor não se está referindo a nenhuma mulher, mas, como já fizera Ricardo Reis na ode 427, utiliza-se desta palavra como adjetivo que é.

[...] Sou um idiota, disse em voz alta, mas não se explicou se o era por ter deixado os pensamentos irem tão longe ou por ter assim maltratado uma flor inocente, que durara viçosa alguns dias e merecia que a deixassem extinguir-se, Marcenda, numa suavíssima deliquescência [...]

(*HCL*, p. 232)

Neste romance percebemos também uma referência implícita ao *Memorial do Convento* por meio de um comentário feito pelo narrador a respeito de histórias, seus heróis e os leitores. Nesta ocasião, o narrador menciona a história da rainha e do ermitão narrada por Manuel Milho, deixando, ainda, o final da fábula em aberto.

> [...] quando mais nos gostaria saber que futuro tiveram estes, se ao ermitão, por amor, o foi retirar do eremitério uma rainha [...]
>
> (*HCL*, p. 240)

Em *Jangada de Pedra*, no entanto, o diálogo entre os vários textos ficcionais de José Saramago é flagrante, e as referências aparecem numa frequência bem maior do que nos outros textos. Neste romance, não só viaja a península pelo Atlântico norte, como também o autor pela sua obra[156].

De *Levantado do Chão*, Maria Guavaira (personagem da *Jangada*) traz o nome do cão Constante de Sigismundo Canastro para o cão que guiaria a ela e seus amigos pelo interior da península. Será também em *Jangada de Pedra* que crianças brincando encontrarão a ossada do "verdadeiro" cão Constante e da perdiz da história contada por Sigismundo Canastro. E, ainda, uma outra vez, a presença do nome Mau-Tempo.

> [...] Maria Guavaira levantara, e propôs que fosse dado ao cão o nome de Constante, tinha lembrança de haver lido esse nome num livro qualquer [...]
>
> (*JP*, p. 254)

> Então o cão voltou a adormecer. Dois dias depois, uns garotos que andavam num campo a brincar às guerras foram dizer ao alcaide que tinham encontrado um montão de caveiras num campo de trigo [...]
>
> (*JP*, p. 267)

---

156 *Em Jangada de Pedra*, José Saramago além da viagem por seus textos, menciona de maneira sutil e primeira seu encontro com Pilar. Mas isso será registrado num outro momento.

[...] um homem pode chamar-se Cabeça de Vaca ou Mau-Tempo e não ser açougueiro ou metereologista. Já se disse que são acasos, e manipulações, porém de boa-fé.

(JP, p. 45)

De *Memorial do Convento*, o narrador de *Jangada de Pedra* retoma a releitura feita da proposta marxista: "Tudo no mundo está dando respostas, o que demora é o tempo das perguntas" (*MC*, p. 239), para lembrar-nos de que não é tão simples fazer perguntas.

[...] Pedro Orce não tinha qualquer sugestão a fazer, limitara--se a perguntar, quem julgue que isso é o mais fácil está muito enganado, não tem conta o número de respostas que só está à espera das perguntas.

(JP, p. 257)

A cena, que transcrevemos a seguir, é justo lembrar, embora estejamos a exemplificar trechos de *Jangada de Pedra*, pois a releitura da proposta marxista (índice significativo para a leitura da obra saramaguiana) também se repete em *História do Cerco de Lisboa*:

Raimundo Silva inclinou-se para a frente, abriu o som, o gesto de Leonard Cohen foi como se agradecesse, [...], e, tendo feito as perguntas todas se acha sem resposta, uma só que fosse, é o contrário daquele que afirmou um dia que as respostas estão aí e que nós não temos mais que aprender a fazer perguntas.

(HCL, p. 93)

Em *Jangada de Pedra* estarão novamente referências ao padre Bartolomeu Lourenço de Gusmão.

A noite tornou-se mais clara, aparecem outras estrelas, e o cão, que durante muito tempo se ausentara, voltou a correr, [...] e agora deverá Pedro Orce acompanhá-lo à descoberta, afogado

que deu à costa, arca do tesouro, vestígio da Atlântida, destroço
do Holandês Voador, *obsessiva memória* [...]

(*JP*, p. 183)

[...] que a península não venha a parar nunca mais, vagabun-
deando eternamente pelos mares do mundo, como o *tantas
vezes citado Holandês Voador* [...]

(*JP*, p. 259)

Não poderíamos deixar de citar, ainda, em *Jangada de Pedra*, a
alusão à belíssima cena de casamento do *Memorial* na qual Blimunda e Baltasar partilharam de uma mesma colher: "Aceitas para a tua
boca a colher de que se serviu a boca deste homem, fazendo seu o
que era teu, agora tornando a ser teu o que foi dele" (*MC*, p. 56).

[...] Maria Guavaira foi buscar umas tigelas à Cantareira, deitou
para dentro o caldo, a penúltima para Joaquim Sassa, a última para
si própria, de súbito pareceu a toda a gente que ia faltar uma colher, mas não, chegavam para todos, por isso é que Maria Guavaira não teve de esperar que Joaquim Sassa acabasse de comer.

(*JP*, p. 179)

A presença de *O Ano da Morte de Ricardo Reis* em *Jangada de Pedra*, entretanto, sobrepõe-se aos demais romances. A escolha do
hotel Bragança em Lisboa para os personagens dessa outra ficção
se hospedarem possibilitou ao autor várias incursões no romance
anteriormente publicado. Não queremos dizer com isso que só havia este meio de fazê-lo, entretanto essa escolha deliberada facili-
tou em muito o diálogo entre os romances. O narrador, mantendo
certo suspense, não revela de imediato o nome do hotel. Segue o
seu caminho da escrita fornecendo-nos pistas: primeiro menciona
o encontro de Fernando Pessoa com Ricardo Reis; adiante, cita o
nome do Pimenta – empregado do hotel –, o número do quarto
onde nos idos de 1936 hospedara-se Ricardo Reis, e a sua localiza-

ção na rua do Alecrim. Por fim, aparece o nome do hotel inscrito em uma manchete de jornal: "O Mistério do Hotel Bragança", e, logo a seguir, um comentário bastante irônico do narrador: "tão grande era o nosso escrúpulo de dizer-lhe o nome, e afinal a inconfidente imprensa" (*JP*, 110), escamoteando a verdadeira responsabilidade da narrativa na transcrição do episódio.

> Em Banyls-sur-Mer, Port-Vendrès e Collioure, para só falar destas povoações da corda ribeirinha, não ficou uma alma viva. As mortas, porque tinham morrido, deixaram-se ficar, com aquela inabalável indiferença que as distingue da restante humanidade, se alguma vez alguém disse o contrário, *que Fernando visitou Ricardo, estando um morto e outro vivo*, foi imaginação insensata e nada mais.
>
> (*JP*, p. 28)

> A tão grande mudança de estado não chegavam as aspirações dos três viajantes, por isso foram instalar-se *num modesto hotel, ao fundo da rua do Alecrim, à mão esquerda de quem desce, e cujo nome não interessa à inteligência deste relato, uma vez bastou e talvez se tivesse dispensado.*
>
> (*JP*, p. 104)

E, por falar em suspense, lembramo-nos de Hitchcock. Assistir a um filme desse diretor inglês é sempre uma expectativa. Não só pelo suspense que perpassa todos os seus filmes, mas também porque não queremos perder a sua rápida aparição numa cena qualquer, geralmente no início, como um mero transeunte que se mistura a outras pessoas. Em *Ladrão de Casaca*, para citar apenas um exemplo, Alfred Hitchcock aparece no interior de um ônibus como se fosse um passageiro, nada mais. Em *Jangada de Pedra*, inclusive, o narrador compara a clandestinidade de Joaquim Sassa à de Hitchcock, vejamos:

> [...] Joaquim Sassa saiu do carro para apanhar os documentos que a autoridade tinha deixado cair, ninguém deu pela irregularida-

de aduaneira, e pronto, por tantos caminhos se tem atravessado clandestino, assim é que nunca tinha acontecido, Hitchcock dá palmas na plateia, são os aplausos de quem é mestre na matéria.

(*JP*, p. 65-6)

Em *Manual de Pintura e Caligrafia* e *Memorial do Convento*, José Saramago, a exemplo de Hitchcock, intromete-se na narrativa, inserindo literalmente o nome *Saramago*. Esse nome, no *Manual*, aparece no meio de uma vasta lista de nomes iniciados por *S*, pois o narrador H. tentava escolher um nome para S., um dos personagens do romance, que como ele e M. eram apenas identificados pela inicial.

Posso eu escolher qualquer destes para S. (esse)?: Sá Saavedra Sabino Sacadura Salazar Saldanha Salema Salomão Salústio Sampaio Sancho Santo Saraiva *Saramago* Saul Seabra Sebastião Secundino Seleuco Semprónio Sena Séneca Sepúlveda Serafim Sérgio Serzedelo Sidónio Sigismundo Silvério Silvino Silva Sílvio Sisenando Sísifo Soares Sobral Sócrates Soeiro Sófocles Solimão Soropita Sousa Souto Suetónio Suleimão Sulpício.[157]

(*MPC*, p. 62-3)

Já em *Memorial do Convento*, o nome Saramago aparece como alcunha de Manuel Mateus. Vemos, provavelmente, neste caso, uma referência autobiográfica, pois o próprio autor dissera em uma entrevista[158] que os seus antepassados assumiram este nome espontaneamente.

[...] tanto vale Cristo como Mafoma, o Evangelho como a Cabala, o doce como o amargo, o pecado como a virtude, e este

---

157 Será interessante comparar esta citação ao comentário posterior do narrador. Já que no texto original, o nome Saramago inicia-se na segunda linha e finaliza na terceira. Não seria essa uma referência indireta ao nome Saramago?
"O nome é importante, mas não tem qualquer importância quando releio, de seguida, sem pausa, todos quantos escrevi: logo na segunda linha me impaciento, e na terceira venho a concordar que a inicial me satisfaz completamente. Também por isso vou ser eu próprio um simples H., não mais." (*MPC*, p. 62-3)
158 SARAMAGO, JL, 18 de abril de 1989.

mulataz da Caparica que se chama Manuel Mateus, mas não é parente de Sete-Sóis, e tem por alcunha Saramago, sabe-se lá que descendência a sua será [...]

(*MC*, p. 95)

Em *O Ano da Morte de Ricardo Reis*, o autor estará mais clandestino ainda. Nesse romance, a sua presença não se dá por meio da transcrição literal do nome Saramago, mas pela referência a um episódio de sua vida de menino. Referência essa imperceptível aos olhos da maioria dos leitores por se tratar de um fato bastante pessoal[159]. Na citação a referência é dupla: ao autor e ao Menino Jesus do poema VIII do "Guardador de Rebanhos" de Alberto Caeiro.

[...] este estar sentado à sombra duma oliveira entre gente que não conhece e à espera de coisa nenhuma, *este pensar num rapazinho visto de relance numa sossegada estação de caminho-de-ferro*, este desejo súbito de ser como ele, de limpar o nariz ao braço direito, de chapinhar nas poças de água, de colher as flores e gostar delas e esquecê-las, de roubar a fruta dos pomares, de fugir a chorar e a gritar dos cães, de correr atrás das raparigas e levantar-lhes as saias, porque elas não gostam, ou gostam, mas fingem o contrário, e ele descobre que o faz por gosto seu inconfessado [...]

(*RR*, p. 315)

Deixamos, então, (ao final sempre provisório deste subcapítulo *Saramago conversa com Saramago*) uma afirmação deliberadamente paródica: Saramago dá palmas na plateia, são os aplausos de quem sabe que o escritor é um mestre em clandestinidade.

---

159 Informação encontrada em Silva, 1989, p. 154.

3. CONCLUSÃO

Nas transcrições de texto deste capítulo todos os grifos são nossos.

HISTÓRIA DO CERCO DE LISBOA: "TODA A VERDADE É FICÇÃO"

> Narrar uma história, mesmo que ela tenha realmente ocorrido, é reinventá-la.
>
> Leyla Perrone-Moisés

Ao longo deste trabalho percorremos seis romances de José Saramago. Partimos do *Manual de Pintura e Caligrafia* – no qual residem "todas as tendências pré-ficcionais"[160] da obra ficcional de José Saramago – e chegamos a *História do Cerco de Lisboa* – um discurso síntese de um processo autorreferencial amadurecido. Entre essas tendências apontadas pelo *Manual* a serem desenvolvidas nos textos seguintes, destacamos o obsidiante trabalho autorreferencial (e intertextual, claro está, não há literatura que não o seja, e indo além, não há texto que não o seja; a obra saramaguiana, no entanto, dialoga com os vários textos de modo singular) de uma escrita que a si mesmo se escreve, como também a preocupação com o tempo, presenças constantes na obra de José Saramago. Sobretudo porque a literatura contemporânea "não nega o passado, mas de fato questiona se jamais poderemos conhecer o passado a não ser por meio de seus *restos textualizados*"[161]. O passado é necessário; lê-lo é conhecer-se cada vez mais. Estão aí: *Levantado do Chão* e toda a problemática da ditadura portuguesa no século XX; *Memorial do Convento* e o reinado de D. João V nos idos de 1730; *O Ano da Morte de Ricardo Reis* e o conturbado ano de 1936.

A escrita saramaguiana, consciente, então, de sua herança cultural, dialoga com a literatura, com o discurso bíblico e com a tradição oral; e, num passado recente, há o diálogo entre os vários textos saramaguianos, particularmente expressivo em *Jangada de Pedra*.

---

160 Seixo, 1987, p. 28-9.
161 Hutcheon, 1991, p. 39.

Em *História do Cerco de Lisboa*, no entanto, algo diferente acontece. Claro está que a história, mais uma vez, está presente, já o próprio título a enuncia. Entretanto, a história, nesse romance, "é agora uma *história escrita* e não apenas evocada"[162]. Não se desenvolve apenas uma narrativa ambientada no século XII, mas será no século XX, presente da enunciação, que essa história tem lugar. Agora o discurso ficcional questiona o discurso histórico, aquele que se diz absoluto e imutável, em todo o seu desenvolvimento narrativo. A escrita passa a ser, pois, uma personagem ficcional assim como já acontecera no *Manual de Pintura e Caligrafia*. Nesse sentido, há muito em comum entre esses dois textos[163].

Se retomarmos as palavras de H. presentes no capítulo 10 do *Manual*, veremos que aí já se encontrava o embrião do NÃO do revisor Raimundo Silva. Naquela ocasião, H., ao comparar as *Confissões* de Rousseau, *Robinson Crusoé* de Defoe e *Memórias de Adriano* de Marguerite Yourcenar, concluiu que não via diferença entre a realidade exposta na primeira obra (de cunho autobiográfico) e a ficção das duas outras no que dizia respeito à verdade. Os três textos, como todos os demais, literários ou não, são compostos de palavras e essas, além de não representarem a realidade com exatidão, podem variar de sentido ao longo do tempo; um signo não está obrigado a prender-se eternamente a um único significado. Por isso H. chega à conclusão de que "*toda a verdade é ficção*" (*MPC*, p. 134). E a essas palavras do narrador do *Manual*, Raimundo Silva, o revisor (personagem) de *História do Cerco de Lisboa*, acrescenta "*tudo quanto não for vida é literatura*" (HCL, p. 15).

Raimundo Silva fecha a questão levantada no *Manual* escrevendo a sua própria História do Cerco de Lisboa, mantendo o NÃO. O NÃO à referência unívoca da História, no qual estaria implícito um SIM à criação e à vitória do FICCIONAL.

---

162 SEIXO, 1989, p. 33.
163 Entrevista concedida a Manuel Gusmão na revista *Vértice*, em maio de 1989. Ocasião em que José Saramago afirma a semelhança entre o *Manual* e *História do Cerco de Lisboa*. A completar essa afirmação de José Saramago, há 22 anos proferida, ouvimos de Pilar del Río num pronunciamento breve sobre a obra saramaguiana, na Universidade Nova de Lisboa, que a literatura de José Saramago é cíclica. Lisboa, 5 de maio de 2011.

POSFÁCIO

O livro de Eula Carvalho Pinheiro, *Tudo, provavelmente, são ficções, mas a literatura é vida*, partiu da obra romanesca de José Saramago – a que podemos considerar dentro de um universo temático que estrutura uma reflexão demorada e estimulante, e profundamente original, quer na forma quer na abordagem, sobre esse estranho e equívoco desígnio do *ser português*, ou seja, da singularidade histórica e idiossincrática das gentes que, desde o século XII, habitam este rectângulo ibérico, e que na diversidade temporal que a obra de Saramago reflecte, inclui títulos que vão de *Manual de Pintura e Caligrafia* até *História do Cerco de Lisboa*, considerando-se, assim, em definição conjuntural, como a primeira fase da sua obra ficcional; a que se debruça sobre a análise e ficcionalidade do real e do histórico (*Levantado do Chão, Memorial do Convento, O Ano da Morte de Ricardo Reis, A Jangada de Pedra* e *História do Cerco de Lisboa* – recorrência a que Saramago só voltará, com rasante ironia, num dos seus títulos finais: *A Viagem do Elefante*) – a autora inscreve, com desarmante clareza (nos métodos da abordagem analítica, na agilização linguística) uma perspectiva lúcida e assertiva sobre o percurso das componentes sincréticas, hipodiegéticas e intertextuais que estruturam *o modo literário,* como lhe chamou Maria Alzira Seixo, ou seja, os plurais modos que configuram o discurso ficcional saramaguiano.

Os méritos deste livro singular residem, na minha perspectiva, na profusão de sinais de leitura que a autora, ao longo do estudo, vai equacionando e desenvolvendo, levando-nos a entender os diversos textos de Saramago por meio das variantes axiomáticas que compõem a sua estrutura narrativa, demorando-se, preambularmente, na análise de um dos menos amados textos de Saramago – *Manual de Pintura e Caligrafia* – para nele encontrar os signos perenes que, diversamente, atravessam toda a sua ficção posterior: o jogo intertextual; a tradição oral; o jogo com as derivantes da sabedoria popular; as componentes metonímicas; a herança dos campos semânticos; o sentido humano da literatura e a sua ligação com as outras artes; o mágico e o fantástico; o sentido, como em Defoe, Rousseau e Yourcenar, de que "toda a verdade é ficção". De resto, é de sublinhar a importância que neste brilhante estudo de Eula Carvalho Pinheiro, a questão da *verdade* (a verdade histórica/verdade ficcional) se constitui teorema desta sua especulação ensaística, servindo-se, para o relevar da tese, dos contributos teóricos de autores como Roland Barthes, Júlia Kristeva, Leyla Perrone-Moisés, Laurent Jenny, entre outros. Mesmo sabendo-se como José Saramago enfatiza a palavra como um jogo e o dramatiza, diante do real que, em Portugal, tende a inverter o seu exacto peso, a perda de sentido das palavras, como acontece na evocação de *Os Lusíadas* num dos seus mais brilhantes textos dramáticos, *Que Farei com Este Livro?*, a autora não desarma e investe na descodificação, na dessacralização dos sentidos da retórica saramaguiana, na ironização desse jogo intertextual, semântico e prosódico, desnudando-lhe a existência de componentes discursivas inusitadas. E é na prevalência, na expositiva minúcia da sua descodificação – como a utilização metafórica dos provérbios populares, no coloquial paródico, e das citações bíblicas –, que esta análise dos textos, pelos subtextos que o designam, que a autora, ao estudar estas ficções de José Saramago, sublinha e transporta para o território da análise crítica a peculiariedade dos arquétipos como hipótese de uma leitura-outra, feita mediante os seus recônditos registos interiores.

Eula Carvalho Pinheiro conhece estes terrenos e neles se estabelece em consciência dialogal, numa interpretação valorativa e exigente das suas dinâmicas intrínsecas, que dá resposta aos traços comuns desta prosa que define as relações interdiscursivas presentes na pluralidade do universo ficcional de Saramago, que o estudo reflecte, e as variantes inventivas, lúdicas e epopeicas que o determinam; a inscrição de discursos-outros herdados da leitura crítico/afectiva de Camões, Vieira, Pessoa, e de outras variantes do diálogo humano e literário, do histórico e do religioso, que a prosa de Saramago, expressivamente, configura, sobrelevando as normas que regem a matéria e os *modos* de a encenar – e da justeza que esse discurso reflecte.

De igual modo, e com a mesma exigência processual, a autora refere outros sentidos característicos das componentes efabulatórias de Saramago: a memória e a perspectiva do olhar sobre os indistintos rumores, os sinais que atravessam, indeléveis, os quotidianos das pessoas comuns. A memória do lido, do ouvido, do vivido. Igualmente, e servindo-se das definições de Walter Benjamim (que a autora, a propósito, cita), o sentido das pequenas coisas; o sentido da utilidade útil dos pequenos acontecimentos, dos episódios subalternos, dos pequenos incidentes quotidianos, como componentes estruturantes da epopeia, da coloquialidade, do *modo discursivo* saramaguiano.

Há, nesta interpretação de Eula Carvalho Pinheiro, nesta *certeza certa* que só a literatura inscreve em nossos imaginários, uma releitura sagaz e oportuna sobre os objectos, os eixos estruturantes da bagagem metafórica e sintáctica de José Saramago: ler este *mundo* sem preconceitos, descomplexadamente, eis o que faz a autora neste brilhante livro. Apetece voar de novo, atrelado a esta análise, feita de rigor e objectividade, pelos textos de Saramago e redescobrir neles, com redobrado prazer, as determinantes que este estudo configura e expressa.

DOMINGOS LOBO

BIBLIOGRAFIA

BAKHTIN, Mikhail. *Problemas da Poética de Dostoiévski*. Rio de Janeiro: Forense--Universitária, 1981.

BARTHES, Roland. *O Rumor da Língua*. Lisboa: Edições 70, 1987.

_____. *Aula*. Trad. e Posfácio de Leyla Perrone-Moisés. São Paulo: Cultrix, 1989.

_____. *Novos Ensaios Críticos* & *O Grau Zero da Escritura*. São Paulo: Cultrix, 1991.

_____ & MARTY, Eric. "Oral/Escrito". In: ENCICLOPÉDIA EINAUDI. Oral/Escrito. Lisboa: Imprensa Nacional-Casa da Moeda, 1987. v. 11.

_____ & BOUTTES, Jean-Louis. "Lugar-comum". In: ENCICLOPÉDIA EINAUDI. Oral/Escrito. Lisboa: Imprensa Nacional-Casa da Moeda, 1987. v. 11.

BENJAMIN, Walter. *Magia e Técnica, Arte e Política*. Obras Escolhidas. 3. ed. São Paulo: Brasiliense, 1987.

BEREARDINELLI, Cleonice. *Estudos Camonianos*. Rio de Janeiro: UFF-Fundação Casa de Rui Barbosa, 1988.

BERMAN, Marshall. *Tudo que é Sólido Desmancha no Ar*. São Paulo: Companhia das Letras, 1988.

BÍBLIA Sagrada. Rio de Janeiro: Sociedade Bíblica do Brasil, s.d.

BORGES, Jorge Luis. *Otras Inquisiciones*. Buenos Aires: Emecé Editores, 1960.

_____. *Ficções*. 5.ed. São Paulo: Globo, 1989.

BUCKLAND, A. R. & WILLIAMS, Lukyn. iDicionário Bíblico Universal. 2. ed. Rio de Janeiro: Livros Evangélicos, 1957.

CAMÕES, Luís Vaz de. *Os Lusíadas*. Edição Crítica de Francisco de Oliveira Bueno. Rio de Janeiro: Edições de Ouro, s.d.

CAMPOS, Flávio. *História Ibérica* – apogeu e declínio. São Paulo: Contexto, 1991. (Col. Repensando a História Geral).

COMPAGNON, Antoine. *La Seconde Main ou le Travail de la Citation*. Paris: Seuil, 1979.

COSTA, Horácio. "Sobre a Modernidade em Portugal: Saramago Revisita Pessoa". In: COLÓQUIO Letras (109). Lisboa: Fundação Calouste Gulbenkian, maio-junho de 1989.

_____. "Os Cordões do Imaginário daquém e dalém Mar". *Revista Usp* (7), São Paulo: USP, set./out./nov. 1990.

CUNHA, Antônio Geraldo da. Índice Analítico do Vocabulário de Os Lusíadas. Rio de Janeiro: INL-MEC, 1966. 3v.

DACOSTA, Fernando. "José Saramago: escrever é fazer recuar a morte e dilatar o espaço da vida". *Jornal Letras*, Lisboa: 50: 16-17, 18-31 jan. 1983.

DICIONÁRIO BRASILEIRO ILUSTRADO. São Paulo: EDIGRAF, 1965. 4v.

DUARTE, Lélia Parreira. "Ironia, Revolução e Literatura". *Semiótica* (22), Belo Horizonte: FALE/UFMG, 1992.

DUBY, Georges & LARDREAU, GUY. *Dialogues*. Paris: Flammarion, 1980.

DUBY, Heloísa, *Isolda e outras damas do século XII*. São Paulo: Companhia das Letras, 1995.

ECO, Humberto. *Pós-escrito a O Nome da Rosa*. 2. ed. Rio de Janeiro: Nova Fronteira, 1985.

_____. *Obra Aberta*. São Paulo: Perspectiva, 1988.

FIGUEIREDO, Antônio de. *Portugal – 50 anos de ditadura*. Rio de Janeiro: Civilização Brazileira, 1976.

FIORIN, José Luiz. *Elementos de Análise do Discurso*. São Paulo: Contexto, 1989.

FISCHER, Ernst. *A Necessidade da Arte*. 8. ed. Rio de Janeiro: Zahar, 1981.

HELENA, Lúcia. "Literatura e Projeto Cultural". *Anais* 1 Congresso da ABRALIC – Intertextualidade / Interdisciplinariedade – Porto Alegre: ABRALIC, 1988. v. III.

HUTCHEON, Linda. *Uma Teoria da Paródia*. Lisboa: Edições 70, 1989.

_____. *Poética do Pós-Modernismo*: História, Teoria, Ficção. Rio de Janeiro: Imago, 1991.

JENNY, Laurent. "La stratégie de la forme" *Poétique* (27), Paris: Seuil, 1976.

KRISTEVA, Julia. *La Révolution du Language Poétique*. Paris: Seuil, 1985.

LE GOFF, Jacques (Org.). "Memória", "História" e "Passado/Presente". In: ENCICLOPÉDIA EINAUDI. Lisboa: Imprensa Nacional-Casa da Moeda, 1984. v. 1.

LEJEUNE, Philippe. *Le Pacte Autobiographique*. Paris: Seuil, 1975.

LEPECKI, Maria Lúcia. "O Romance Português Contemporâneo na Busca da História e da Historicidade". Paris: Fondation Calouste Gulbenkian-Centre Culturel Portugais, Separata. p. 13-21.

_____. *Sobreimpressões*. Lisboa: Caminho, 1988.

LIND, Georg Rudolf. *Estudos sobre Fernando Pessoa*. Lisboa: Imprensa Nacional-Casa da Moeda, 1981.

LOURENÇO, Eduardo. "Literatura e Revolução". *Jornal Letras*, Lisboa: 78: 7-16, 1984.

LOURENÇO, Eduardo. *O Labirinto da Saudade*. 3. ed. Lisboa: Dom Quixote, 1988.

MONTENEGRO, Antonio Torres. *História Oral e Memória* – a cultura popular revisitada. São Paulo: Contexto, 1922.

NIETZSCHE, Friedrich. *A Genealogia da Moral*. Rio de Janeiro: Ediouro, 1967.

OS PENSADORES. "Sócrates". 4. ed. São Paulo: Nova Cultural, 1987.

PANDOLFO, Maria do Carmo Peixoto. *Subterrâneos do texto*. Rio de Janeiro: Tempo Brasileiro, 1985.

PAZ, Octavio. *Os Filhos do Barro*: do Romantismo à Vanguarda. Rio de Janeiro: Nova Fronteira, 1984.

PERRONE-MOISÉS, Leyla. *Falência da Crítica*. São Paulo: Perspectiva, 1973. Série Debates.

_____. *Texto, Crítica, Escritura*. São Paulo: Ática, 1978. Série Debates.

_____. *Flores da Escrivaninha*. Ensaios. São Paulo: Companhia das Letras, 1990.

PESSOA, Fernando. *Obra Poética*. Rio de Janeiro: Aguilar, 1986.

PÓLVORA, Hélio. "O Peso da Pedra, a Leveza do Ar". *Jornal do Brasil,* Caderno Ideias (133), Rio de Janeiro, 15 de abril de 1985.

RAMOS, Maria Luiza. *Os Avessos da Linguagem*. Belo Horizonte: UFMG, 1990.

REBELO, Luis de Sousa. "Os Rumos da Ficção de José Saramago". In: SARA-MAGO, José. *Manual de Pintura e Caligrafia*. 3. ed. Lisboa: Caminho, 1985.

REIS, Carlos & LOPES, Ana Cristina. *Dicionário de Narratologia*. Coimbra: Almedina, 1987.

RIFFATERRE, Michael. *A Produção do Texto*. São Paulo: Martins Fontes, 1989.

RODRIGUES, Urbano Tavares. "Um Romance Realista e Fabuloso". *Jornal Letras*, Lisboa: 52: 26-7, 15-28 fev. 1983.

SANT'ANNA, Affonso Romano. *Paródia, Paráfrase e Cia*. São Paulo: Ática, 1985.

SANTIAGO, Silviano. *Uma Literatura nos Trópicos*. São Paulo: Perspectiva, 1978.

SARAIVA, José Hermano. *História Concisa de Portugal*. 11. ed. Lisboa: Europa-América, 1987.

SARAMAGO, José. *Levantado do Chão*. São Paulo: DIFEL, 1982.

_____. *Manual de Pintura e Caligrafia*. 3. ed. Lisboa: Caminho, 1985.

_____. *O Ano da Morte de Ricardo Reis*. São Paulo: Companhia das Letras, 1988. (a)

_____. *A Jangada de Pedra*. São Paulo: Companhia das Letras, 1988. (b)

SARAMAGO, José. *Memorial do Convento*. 7.ed. Rio de Janeiro: Bertrand, 1989. (a)

_____. *História do Cerco de Lisboa*. São Paulo: Companhia das Letras, 1989. (b)

_____. *Viagem a Portugal*. Ilustrado. Fotografias de Maurício Abreu e José Saramago. São Paulo: Companhia das Letras, 1990.

_____. *O Evangelho Segundo Jesus Cristo*. São Paulo: Companhia das Letras, 1992.

SEIXO, Maria Alzira. *Discursos do texto*. Amadora: Bertrand, 1977.

_____. *A Palavra do Romance*. Lisboa: Livros Horizonte, 1986.

_____. *O Essencial sobre José Saramago*. Lisboa: Imprensa Nacional-Casa da Moeda, 1987.

_____. "*História do Cerco de Lisboa* ou a Respiração da Sombra". In: COLÓQUIO LETRAS (109). Lisboa: Fundação Calouste Gulbenkian, Maio-Junho de 1989.

SÉRGIO, Antonio. *Breve Interpretação da História de Portugal*. Lisboa: Sá da Costa, 1978.

SILVA, Teresa Cristina Cerdeira da. *Entre a História e a Ficção uma Saga de Portugueses*. Lisboa: Dom Quixote, 1989.

_____. "No Paraíso da Memória, um outro Valor se Alevanta". In: XIII *Encontro de Professores Universitários Brasileiros de Literatura Portuguesa* (Anais). Rio de Janeiro: UFRJ, 1992.

SILVA, Vítor Manuel de Aguiar e. *Teoria da Literatura*. 5. ed. Coimbra: Almedina, 1983.

VALE, Francisco. "Neste livro nada é verdade e nada é mentira". Jornal *Letras*. Lisboa: 121, 3-5 de novembro de 1984.

VALLADARES, Maria Theresinha do Prado. *Quando a História Comanda o Espetáculo*. Faculdade de Letras da UFRJ, 1987. Tese de Doutoramento.

VASCONCELOS, José Carlos de. "José Saramago: 'gosto do que este país fez de mim'". Jornal *Letras*. Lisboa: 354, 8-12, 18 de abril de 1989.

VÉRTICE. Lisboa: Caminho, 1989.

YOURCENAR, Marguerite. *Memórias de Adriano*. 5. ed. Rio de Janeiro: Nova Fronteira, 1980.

ZUMTHOR, Paul. "Le Carrefour des Rhétoriques – Intertextualité et Rhétorique". In: *Poétique* (27). Paris: Seuil, 1976.

LISTA DE ABREVIATURAS DAS OBRAS DE JOSÉ SARAMAGO

LC   – *Levantado do Chão*
MPC – *Manual de Pintura e Caligrafia*
RR   – *O Ano da Morte de Ricardo Reis*
JP   – *A Jangada de Pedra*
MC   – *Memorial do Convento*
HCL – *História do Cerco de Lisboa*
VP   – *Viagem a Portugal*
ESJC – *O Evangelho Segundo Jesus Cristo*

DESLIZANDO NAS MEMÓRIAS:
ENTRE TODOS OS NOMES, O NOME

Durante anos perguntámo-nos se seria esse o ano. Chegado o momento, o ouvido não escutava, entre todos os nomes, o nome. E um novo ano, qual segunda vida de viajante sem bagagem numa viagem de apontamentos tecida, inicia outro ciclo. De alegria, provavelmente. De linhas traçadas e aprendidas num manual de pintura e caligrafia que nos ensina a tornar possíveis os poemas. Não é o ano da morte de todos os sonhos. É o ano de 1998. Levantado do chão por forças à flor deste mundo e do outro, rompendo o cerco de cegueira erguido em volta de um memorial de histórias milenárias, o evangelho trouxe, *in nomine*, o nome. Em jangada que a razão quis de pedra mas que a emoção tornou cristal. Que fazer com esta boa nova? Ao correr do tempo, os cadernos responderão. Enquanto perduram os sensatos ecos dos livros das evidências e dos conselhos, numa terra cinzenta, por que não imaginada sem pecado?, o livro das tentações aguarda, tranquilo, o despertar da caverna. Em outro ano, mas nesta vida. Toda uma vida talvez não chegue para encontrar as palavras que não pudemos nem soubemos dizer. Mas Blimunda, cúmplice, espreitou e recolheu as nossas vontades. Seguiu viagem, deixando-nos a ponta do fio de Ariadne, levando o cão Constante. E quando um bando de estorninhos pairar sobre uma ilha, acredita nos teus olhos, porque Blimunda libertará então as nossas vontades, e irá soprar-tas ao ouvido.

© Rita Pais, 10 de Dezembro de 1998 (A José Saramago, Prémio Nobel de Literatura)

CADERNO DE FOTOS

Um escritor é um homem como os outros: sonha. E o meu sonho foi o de poder dizer deste livro, quando o terminasse: "Isto é o Alentejo". Dos sonhos, porém, acordamos todos, e agora eis-me não diante do sonho realizado, mas da concreta e possível forma do sonho. Por isso me limitarei a escrever: "Isto é um livro sobre o Alentejo". Um livro, um simples romance, gente, conflitos, alguns amores, muitos sacrifícios e grandes fomes, as vitórias e os desastres, a aprendizagem da transformação, e mortes. É portanto um livro que quis aproximar-se da vida, e essa seria a sua mais merecida explicação. Leva como título e nome, para procurar e ser procurado, estas palavras sem nenhuma glória – *Levantado do Chão*. Do chão sabemos que se levantam as searas e as árvores, levantam-se os animais que correm os campos ou voam por cima deles, levantam-se os homens e as suas esperanças. Também do chão pode levantar-se um livro, como uma espiga de trigo ou uma flor brava. Ou uma ave. Ou uma bandeira. Enfim, cá estou outra vez a sonhar. Como os homens a quem me dirijo.

José Saramago. *Levantado do Chão*. 16 ed. Caminho: Lisboa, 2002.

JOSÉ SARAMAGO GOSTAVA MUITO DE OLIVEIRAS, E MUITO ESPECIALMENTE DESTA LOCALIZADA NOS FUNDOS DE SUA CASA E DE PILAR EM LANZAROTE, ONDE HÁ VÁRIAS OLIVEIRAS. ESTA, TODAVIA, ERA MUITO ESPECIAL. LEMBRO-ME BEM QUE RECEBI UM RECADO DE RITA PAIS, ANTES DE SAIR DE LISBOA PARA IR LANZAROTE, POR OCASIÃO DA INAUGURAÇÃO DA BIBLIOTECA (18 DE MARÇO DE 2011): "DÊ UM BEIJO POR MIM NA OLIVEIRA DE QUE JOSÉ MAIS GOSTAVA". ASSIM O FIZ.

1. ESTA FOTO DE 2002 DO PALÁCIO-CONVENTO DE MAFRA ESTEVE EM EXPOSIÇÃO NO BRASIL. VASCO RIBEIRO FOI, DURANTE A EXISTÊNCIA DA EDITORA ESTÚDIOS COR DE JOSÉ SARAMAGO, REVISOR *FREE-LANCER*.
2. CASA DO ARQUITETO ITALIANO LUDOVICE, IDEALIZADOR DO PALÁCIO-CONVENTO DE MAFRA, CONTRATADO PELO REI D. JOÃO V. O CONVENTO-PALÁCIO DE MAFRA, SEGUINDO A TRADIÇÃO SACRA, SÓ PODERIA SER INAUGURADO NUM DOMINGO. DESSA FORMA, D. JOÃO V ESPEROU QUE O SEU ANIVERSÁRIO CAÍSSE NUM DOMINGO PARA QUE HOUVESSE A CONSAGRAÇÃO. ISSO MARCA, COMO VEMOS, AS EXCENTRICIDADES E O EGOCENTRISMO DO MONARCA.

1. PAPOULAS NO CAMINHO DE MAFRA.
2. O *DISCURSO DE ESTOCOLMO* PENDURADO NA OLIVEIRA (TRANSPLANTADA DE AZINHAGA PARA O CAMPO DAS CEBOLAS), SITUADA EM FRENTE DA CASA DOS BICOS (SEDE DA FUNDAÇÃO JOSÉ SARAMAGO), QUE ABRIGA AS CINZAS DE JOSÉ SARAMAGO, NOBEL DE LITERATURA DE 1998.

IGREJA DE SÃO DOMINGOS, CUJO ALTAR FOI IDEALIZADO TAMBÉM PELO ARQUITETO LUDOVICE.

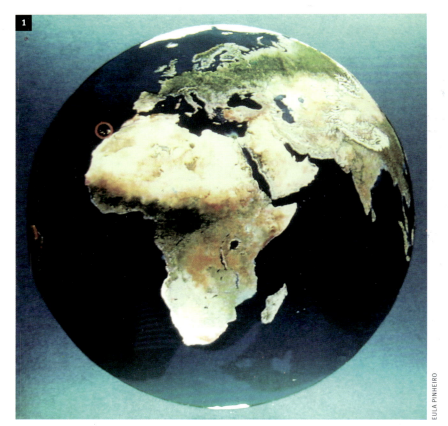

1. O MAPA DA ÁFRICA NO INTERIOR DA FUNDAÇÃO CESAR MANRIQUE, EM LANZAROTE, DESTACA AS ILHAS CANÁRIAS.
2. VISÃO PANORÂMICA DE LANZAROTE, REGIÃO ESSENCIALMENTE VULCÂNICA.

1. ROTEIRO DE *LEVANTADO DO CHÃO* (HTTPS://MAPS.GOOGLE.COM/).
2. ROTEIRO DA OBRA SARAMAGUIANA POR LISBOA (HTTPS://MAPS.GOOGLE.COM/).

1. MARCO SITUADO NO LARGO DE SÃO DOMINGOS, NO QUAL ESTÁ GRAVADO O PEDIDO DE "DESCULPAS" DA CIDADE DE LISBOA PELA MORTE DE MAIS DE 2 MIL JUDEUS NO SÉCULO XVI. ESSE EPISÓDIO PODE SER LIDO DA FICÇÃO DO *MEMORIAL DO CONVENTO* NAS PÁGINAS INICIAIS.
2. FOTOGRAFIA DA GARRAFA DE VINHO DO COQUETEL DE LANÇAMENTO DO FILME *JOSÉ & PILAR* EM LISBOA.

PRIMEIRO TOTEM A MARCAR A ROTA DE *LEVANTADO DO CHÃO* NO QUAL ESTÁ INSCRITO A PRIMEIRA FRASE DO ROMANCE: "O QUE MAIS HÁ NA TERRA É PAISAGEM".

1. PAISAGEM VISTA DO RESTAURANTE MAÇÃ, EM LAVRE, ALENTEJO. MUITAS VEZES APRECIADA DURANTE A PESQUISA E ESCRITA DE *LEVANTADO DO CHÃO*.
2. T-SHIRTS COM A ASSINATURA DE JOSÉ SARAMAGO. *DESIGN* DE DAVID ALMEIDA.
3. CAMÕES, O CACHORRINHO DE JOSÉ SARAMAGO.

1. AZULEJOS CRIADOS PELO ARTISTA ROGÉRIO RIBEIRO RELEMBRA A PERSONAGEM BLIMUNDA DO *MEMORIAL DO CONVENTO*. OFERECIDOS AO CASAL JOSÉ E PILAR PARA ESTAR NA FRENTE DA CASA DE LISBOA.
2. PILAR DEL RÍO APLAUDE AO FINAL DA CERIMÔNIA DE INAUGURAÇÃO DA BIBLIOTECA JOSÉ SARAMAGO. 18 DE MARÇO DE 2011.

1. ENCONTRO COM OS NETOS E A FILHA DE JOSÉ SARAMAGO. DA ESQUERDA PARA A DIREITA: ANA MATOS, A AUTORA, VIOLANTE REIS SARAMAGO MATOS E TIAGO MATOS.
2. CASA DE CAMPO, PRÓXIMA DE ALENQUER, DE ANA BELA RODRIGUES, AMIGA DE JOSÉ SARAMAGO E DE SUA FAMÍLIA. AO LADO UM CANDEEIRO QUE PERTENCEU A JOSÉ SARAMAGO E QUE ILUMINOU O AMBIENTE NO QUAL ELE ESCREVIA O ROMANCE *MEMORIAL DO CONVENTO*. ANA BELA CEDEU À AUTORA VALIOSO MATERIAL DE PESQUISA NO QUE SE REFERE A DOCUMENTOS, JORNAIS, FOTOGRAFIAS, REVISTAS.

1. ESCRITÓRIO DE JOSÉ SARAMAGO NA CASA DE LANZAROTE. NESSA CADEIRA ELE SE SENTOU PARA ESCREVER *ENSAIO SOBRE A CEGUEIRA* E *TODOS OS NOMES*.
2. "LANZAROTE É MINHA JANGADA DE PEDRA", DISSE SARAMAGO. A AUTORA E PILAR DEL RÍO NO PARQUE TYMANFAIA, 19 DE MARÇO DE 2011. LANZAROTE, ILHAS CANÁRIAS, ESPANHA

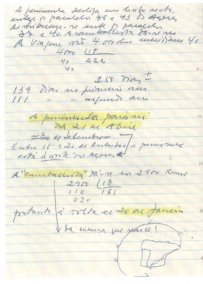

1. MANUSCRITOS DE *JANGADA DE PEDRA*. PRESENTES INICIALMENTE NA EDIÇÃO ESPECIAL DA REVISTA *COLÓQUIO* 151-152 DA FUNDAÇÃO CALOUSTE GULBENKIAN.
2. "DEIXA-TE LEVAR PELA CRIANÇA QUE FOSTE." JOSÉ SARAMAGO.
3. "SE TENS UM CORAÇÃO DE FERRO, BOM PROVEITO. O MEU, FIZERAM-NO DE CARNE, E SANGRA TODO DIA." JOSÉ SARAMAGO.

1. ENTREGA DO PRÊMIO NOBEL DE LITERATURA, EM ESTOCOLMO, EM 10 DE DEZEMBRO DE 1998.
2. SARAMAGO RECEBE DAS MÃOS DO REI DA SUÉCIA O DIPLOMA DO PRÊMIO NOBEL.

Eula Pinheiro nasceu em Paraíba do Sul, RJ. Graduou-se em Letras pela Universidade Federal de Juiz de Fora – UFJF, Mestre pela Universidade Federal do Rio de Janeiro – UFRJ. Há 27 anos lê a obra de José Saramago. É, no momento, investigadora de doutoramento em Lisboa: acolhida pela Fundação José Saramago. Cursa o doutoramento na Universidade Nova de Lisboa. Colabora com a Fundação José Saramago com o objetivo e a vontade de levar adiante o estudo da obra saramaguiana e sua consequente divulgação a todas as pessoas que desejarem conhecer a escrita e a vida de José Saramago.

O LIVRO *JOSÉ SARAMAGO: TUDO, PROVAVELMENTE, SÃO FICÇÕES; MAS A LITERATURA É VIDA* FOI COMPOSTO COM AS TIPOGRAFIAS META E ACHEN, NO ESTÚDIO ENTRELINHA DESIGN, IMPRESSO EM PAPEL PÓLEN BOLD 90G E COUCHÉ FOSCO 120G PELA GRÁFICA EDITORA PARMA NA PRIMAVERA DE 2012.